EL PACTO DE
DI*S

Amor

CON USTED
PARA SU RESCATE
Y LIBERACIÓN

EL PACTO DE DIOS CON USTED

PARA SU RESCATE Y LIBERACIÓN

JOHN ECKHARDT

CASA
CREACIÓN

El pacto de Dios con usted para su rescate y liberación
por John Eckhardt
Publicado por Casa Creación
Una compañía de Charisma Media
600 Rinehart Road Lake Mary, Florida 32746
www.casacreacion.com

Originally published in the U.S.A. under the title:
God's Covenant With You For Your Deliverance & Freedom
Published by Charisma House, A Charisma Media Company,
Lake Mary, FL 32746 USA

Visite la página web del autor: www.johneckhardtministries.com

Traducción por: pica6.com (con la colaboración de Salvador Eguiarte D.G.)

Diseño de la portada: Justin Evans
Director de diseño: Bill Johnson

Library of Congress Control Number: 2014931725
ISBN: 978-1-62136-472-6
E-book ISBN: 978-1-62136-476-4

Impreso en los Estados Unidos de América
14 15 16 17 18 * 7 6 5 4 3 2 1

CONTENIDO

CAPÍTULO 1
LA LIBERACIÓN Y EL PACTO DE MISERICORDIA

Muchas son las aflicciones del justo,
pero de todas ellas le librará Jehová.

—SALMOS 34:19

CUANDO UNO LEE el Antiguo Testamento y los profetas, el tema principal es que Israel rompió su pacto con Dios. Israel era culpable de adulterio espiritual, Israel había roto el pacto, y había una maldición o juicio que venía en su contra. Dios dijo que había bendiciones y maldiciones en el pacto. Si uno guardaba el pacto, era bendecido. Si lo rompía, era maldecido. Así que cada vez que el Señor enviaba un profeta, el profeta venía como un mensajero del pacto de Jehová para advertirle a Israel las violaciones del pacto para llamarlos de vuelta al pacto. Israel mató a los mensajeros del pacto de Dios, y Dios prometió vengar la sangre de los profetas. La violación consistente del pacto finalmente resultó en la destrucción del templo (como profetizó Jesús en Mateo 24) y de todo su sistema a causa del pacto roto.

Este es todo el tema de la Escritura: Dios es fiel; el hombre no es fiel. Dios guarda el pacto; el hombre rompe el pacto. Cuando el hombre rompe el pacto, Dios lo juzga. Pero en medio del pacto roto una de las cosas con la que podemos contar es que siempre hay un remanente del pueblo que es fiel al pacto. Un ejemplo de esto es Dios diciéndole a Elías en 1 Reyes 19:18: "Y yo haré que queden en Israel siete mil, cuyas rodillas no se doblaron ante Baal, y cuyas bocas no lo besaron". Esos siete mil fueron fieles a Dios y al pacto; no habían adorado ídolos.

1

En la Escritura los que permanecieron fieles son conocidos como el remanente. Necesitamos entender remanente en términos del pacto. Dios promete que Él salvaría a su remanente, y a causa de sus promesas de pacto con Abraham siempre le extendía misericordia a Israel. Aunque Dios los juzgara, nunca los destruiría completamente. Dios siempre recordaba sus promesas de pacto con Abraham. Dios le dijo a Abraham que a través de su simiente todas las familias de la Tierra serían benditas. Cada vez que se metieran en problemas y rompieran el pacto Dios los juzgaría, pero luego que su misericordia vendría y Dios los salvaría, los liberaría y los restauraría.

La liberación de los problemas es una forma de la misericordia de Dios siendo ejecutada por causa del pacto. Si no fuera por la misericordia de Dios, cada violación del pacto que cometiéramos hoy haría que fuéramos destruidos. Nuestras acciones fuera de los planes de Dios para nuestras vidas nos pondrían en violación del pacto y nos abrirían a todo tipo de males y tormentos del enemigo.

El pacto nos trae ciertos beneficios, incluyendo protección y liberación. La gente que vive fuera del pacto no tiene estos beneficios y por lo tanto es susceptible a la obra del enemigo. El pecado es una puerta abierta a los demonios, y los que no disfrutan de los beneficios de la redención y el perdón son más susceptibles a la incursión demoníaca en su vida. Los que andan en el pacto disfrutan la bendición del perdón del pecado, y la operación de los demonios es limitada y obstaculizada.

La redención es la solución al problema del pecado. Los que entran en pecado tienen puertas abiertas para que los demonios entren y operen. Los que están fuera del pacto viven en tinieblas, que es el reino de Satanás y los demonios. Los que caminan en el pacto, viven en la luz. La oscuridad es la esfera de los demonios y la luz es el plano de Dios.

Pero Dios ha creado una manera para que seamos liberados de todos nuestros problemas. La Biblia dice: "Muchas son las aflicciones del justo, pero de todas ellas le librará Jehová" (Salmos 34:19). Esta liberación es la misericordia de Dios extendida a aquellos que están en pacto con Él. Cuando el pueblo del pacto de Dios clama, Él los escucha y les responde.

SOMOS EL PUEBLO DEL PACTO DE DIOS

Usted y yo somos de la simiente de Abraham a través de la fe en Jesucristo. Por lo tanto, el pacto de Dios con Abraham también es con nosotros (vea Génesis 15). Así que ahora la misericordia de Dios viene sobre su vida a través de Jesucristo. Cuando la Biblia habla acerca de que la misericordia del Señor perdura para siempre, nunca termina, y es inalterable, simplemente significa que de generación en generación, habrá un pueblo del que Dios tendrá misericordia, con el que será clemente, le mostrará cariño y lo perdonará. Siempre habrá una generación, porque siempre hay simiente de Abraham. Ahora bien, a través de la fe somos de la simiente de Abraham, lo cual significa que uno debe entender, confiar y creer en la misericordia de Dios. La lealtad de Dios con el pacto extiende su misericordia a su vida. Dios es misericordioso con usted a causa del pacto, y si usted tiene un pacto con Dios a través de Jesucristo, usted puede esperar que su misericordia esté sobre su vida.

Abraham fue llamado amigo de Dios, lo cual significa que tenía una relación de pacto con Dios. Era un amigo de pacto, lo cual significa que estaba comprometido con Dios y Dios estaba comprometido con él; para cuidar de él y preservarlo y luego cuidar de su simiente de generación en generación.

La liberación es una expresión de la misericordia y compasión del pacto de Dios

Cuando vino Jesús, vino a traer juicio, pero también vino para traer misericordia: salvación, liberación, sanidad que son todas manifestaciones de la misericordia de Dios. Algunas veces pensamos que nuestra liberación y sanidad están basadas en lo que hacemos y no hacemos, pero nuestra liberación y sanidad están basadas en la misericordia de Dios, la benevolencia de Dios y la lealtad de pacto de Dios. Dios está conectado con usted; y ha hecho un pacto con usted a través de Jesucristo.

Veamos cómo es que esto es posible a través de la palabra profética soltada por Zacarías, el padre de Juan el Bautista. La Biblia dice en Lucas 1:67–72 (énfasis añadido):

> Y Zacarías su padre fue lleno del Espíritu Santo, y profetizó, diciendo: Bendito el Señor Dios de Israel, que ha visitado y redimido a su pueblo, y nos levantó un poderoso Salvador en la casa de David su siervo, como habló por boca de sus santos profetas que fueron desde el principio; salvación de nuestros enemigos, y de la mano de todos los que nos aborrecieron; *para hacer misericordia con nuestros padres, y acordarse de su santo pacto...*

Esto está diciendo que la salvación vino a Israel porque Dios recordó su pacto con Abraham y que Dios estaba por llevar a cabo la misericordia prometida a Abraham.

En el versículo 73 sigue diciendo: "Del juramento que hizo a Abraham nuestro padre, que nos había de conceder que, librados de nuestros enemigos, sin temor le serviríamos en santidad y en justicia delante de él, todos nuestros días".

Así que vemos misericordia conectada con el pacto. Dentro del pacto hay misericordia, benevolencia, compasión, perdón, sanidad, liberación, redención.

Jesús fue la promesa y el cumplimiento del pacto. Usted puede ver que su ministerio en la Tierra estuvo lleno de las obras del pacto. En Juan 10:31–38 Jesús habla acerca de las obras que estaba haciendo. Estaba sanando a los enfermos y echando fuera demonios, haciendo las obras de su Padre y muchos judíos no entendieron lo que estaba sucediendo. Pero Él aclaró en este pasaje que estas eran las obras del Padre. Aclaró que lo que estaba haciendo no lo estaba haciendo por su propia cuenta. Lo que hizo fue una extensión del Padre: sanidad, liberación, rescate y salvación del pueblo. No estaba haciendo estas cosas en su propio poder. Las estaba haciendo por la unción y el poder del Espíritu de Dios. Estaba cumpliendo el pacto que Dios el Padre hizo con Abraham. La misericordia de Dios estaba siendo revelada a través de las obras de Cristo:

- Sanando a los enfermos.
- Echando fuera demonios.
- Resucitando muertos.
- Limpiando leprosos.
- Abriéndole los ojos al ciego.
- Destapando los oídos del sordo.
- Soltando lenguas mudas.

La misericordia de Dios estaba manifestándose a través de Jesús: la misericordia, la compasión, la benevolencia de Dios en Israel; su amor salvándolos, sanándolos, liberándolos y restaurándolos. Jesús les demostró—a ellos y a nosotros—que Él es la representación de Dios, quien está preocupado por los que sufren, los enfermos, los lastimados, los que están sangrando y muriendo.

Jesús era una manifestación visible de misericordia: misericordia en acción. Todo gracias al pacto de Dios con Abraham, esta misma manifestación de misericordia ahora viene a usted.

DIOS ES FIEL A SU PACTO

DIOS NO PUEDE romper el pacto. Es imposible para Dios mentir. No puede detractarse de esa palabra. Dios no puede mentir. Dios es absolutamente fiel y comprometido con el pacto. Este es uno de los aspectos esenciales de Dios. Él es leal con su pueblo. Él jamás violará el pacto. Él no traicionará a su pueblo.

Podemos confiar y depender del pacto de Dios porque Él está comprometido con sus promesas. Cuando se hace un pacto, la persona que entra en él jura por alguien mayor que sí mismo. Esto era así porque si el pacto se rompía alguna vez esa persona sería juzgada y tendría que rendirle cuentas a esa otra persona mayor que él. Cuando Dios primero estableció su pacto con Abraham hizo un juramento y como no pudo jurar por ninguno mayor, juró por sí mismo.

> Porque cuando Dios hizo la promesa a Abraham, no pudiendo jurar por otro mayor, juró por sí mismo.
> —HEBREOS 6:13

Dios es el mayor de todos. No hay nadie mayor que Él. Esto significa que podemos confiar por completo en nuestro pacto con Dios, contar con él y depender de él. Dios no puede mentir. Él permanecerá fiel a su Palabra y a su pacto de misericordia.

Al venir Jesús a la Tierra y traer salvación y liberación, podemos ver la personificación de la fidelidad de Dios. Desde el tiempo de Abraham, Isaac y Jacob, pasando por Moisés, David y los profetas, Dios prometió enviar un libertador. Su nombre era Jesús, "porque él salvará a su pueblo de sus pecados" (Mateo 1:21).

Por eso es que en los Evangelios vemos que la gente se acerca a Jesús con sus problemas diciendo: "Hijo de David, ten misericordia de mí". Entendían que cuando el Mesías—el Hijo de David—viniera le extendería a Israel la misericordia de Dios. Lo vemos en la profecía de Zacarías que señalé en el apartado anterior.

Zacarías estaba declarando que el Mesías había venido y que Israel podría ver a través de Jesús la mayor manifestación de la fidelidad y la misericordia de Dios conocida por el hombre: salvación. Su encarnación fue la manifestación de eterna salvación y de eterna redención. Así que no solamente realizaría milagros para Israel, sino que también aseguraría su eterna redención, salvación, perdón y llevarlos al Reino.

LA MISERICORDIA VIENE A LOS GENTILES

Contrario a lo que podemos darnos cuenta, Jesús no vino a ministrar a todos. Su propósito principal era cumplir con las promesas del pacto de Dios hechas a Abraham y a Israel, para confirmarlas, para cumplirlas, para extenderle misericordia a Israel, para salvar al remanente.

Jeremías 31:31–34 dice:

> He aquí que vienen días, dice Jehová, en los cuales haré nuevo pacto con la casa de Israel y con la casa de Judá. No como el pacto que hice con sus padres el día que tomé su mano para sacarlos de la tierra de Egipto; porque ellos invalidaron mi pacto, aunque fui yo un marido para ellos, dice Jehová. Pero este es el pacto que haré con la casa de Israel después de aquellos días, dice Jehová: Daré mi ley en su mente, y la escribiré en su corazón; y yo seré a ellos por Dios, y ellos me serán por pueblo. Y no enseñará más ninguno a su prójimo, ni ninguno a su hermano, diciendo: Conoce a Jehová; porque todos me conocerán, desde el

más pequeño de ellos hasta el más grande, dice Jehová;
porque perdonaré la maldad de ellos, y no me acordaré
más de su pecado.

Jesús no vino a ministrar a los judíos *y* a los gentiles. Cuando
los gentiles vinieron a Él para ser ministrados, quedó impresio-
nado por su fe.

Vemos esto probado en la historia de la mujer gentil quien vino
a Jesús y le pidió que sanara a su hija. Jesús dijo: "No soy enviado sino a las ovejas perdidas de la casa de Israel [...] No está
bien tomar el pan de los hijos, y echarlo a los perrillos" (Mateo
15:25–26). Eso no parece como una respuesta compasiva o mise-
ricordiosa: llamar a alguien un perrillo. Ella persistió, y dijo: "Sí,
Señor; pero aun los perrillos comen de las migajas que caen de la
mesa de sus amos" (v. 27). Básicamente ella estaba diciendo: "Yo
no quiero lo que le pertenece al pueblo de Dios. Solo quiero lo
que ellos no quieren". Entienda que Dios podía haber sanado y
liberado a todos en Israel, pero Israel no estaba tomando todo lo
que Dios tenía. Así que había algunas migajas disponibles. Las
migajas es lo que sobra. Y como Israel había dejado atrás mucho
de lo que Dios tenía para ellos, Jesús sanó a su hija.

El pueblo quizá no entendió por qué Jesús le respondió de la
manera en que lo hizo. Usted tiene que recordar que ella era una
gentil y no estaba bajo un pacto con Dios. Ella no tenía el derecho de clamar por misericordia. Ella no tenía pacto; ninguna
relación con Dios. La misericordia está conectada con el pacto.
Cuando usted tiene un pacto con Dios, puede recibir misericordia.
La misericordia está disponible para usted.

Echemos un vistazo a otra historia en Lucas 17:12–18:

Y al entrar en una aldea, le salieron al encuentro diez
hombres leprosos, los cuales se pararon de lejos y alzaron

la voz, diciendo: ¡Jesús, Maestro, ten misericordia de nosotros! Cuando él los vio, les dijo: Id, mostraos a los sacerdotes. Y aconteció que mientras iban, fueron limpiados. Entonces uno de ellos, viendo que había sido sanado, volvió, glorificando a Dios a gran voz, y se postró rostro en tierra a sus pies, dándole gracias; y éste era samaritano. Respondiendo Jesús, dijo: ¿No son diez los que fueron limpiados? Y los nueve, ¿dónde están? ¿No hubo quien volviese y diese gloria a Dios sino este extranjero?

Creo que esta historia del leproso samaritano que volvió está en la Biblia para mostrar que Israel recibió mucha misericordia de Dios, pero no la apreció. El samaritano (un gentil) estaba agradecido. Los externos están más agradecidos que los de adentro. Los de adentro lo dan por sentado. El samaritano volvió y le agradeció a Jesús. Estaba contento de haber sido sanado. Entendió que él no era judío, que no estaba en el pacto, pero que aun así fue sanado. Los otros nueve siguieron felices su camino. Muchos de los que están en el pacto con frecuencia no son agradecidos por la misericordia de Dios. La dan por sentada.

Solamente el remanente de la casa de Israel recibió el ministerio de Jesús y su cumplimiento del pacto. El resto de Israel endureció su corazón. Así que Dios extendió su misericordia a los gentiles. ¡Esos somos nosotros! Seremos salvos. Seremos sanos. Seremos libres. Siempre fue el plan de Dios que su misericordia fuera a las naciones o a los gentiles. Romanos 15:8–9: "Pues os digo, que Cristo Jesús vino a ser siervo de la circuncisión para mostrar la verdad de Dios, para confirmar las promesas hechas a los padres, y para que los gentiles glorifiquen a Dios por su misericordia".

Pero recuerde que la misericordia está conectada con el pacto.

Para que los gentiles recibieran la misericordia de Dios, Dios tuvo que hacer un nuevo pacto.

El Nuevo Pacto hace que la misericordia de Dios esté disponible para usted

Jesús se sentó con sus discípulos la noche de Pascua y tomo el pan y la copa y dijo: "Esta copa es el nuevo pacto en mi sangre, que por vosotros se derrama" (Lucas 22:20). Él hizo un nuevo pacto con esos doce hombres, el nuevo Israel de Dios. Ahora a través de Cristo todos hemos entrado en un Nuevo Pacto con Dios. De modo que todos los que fueron salvos en Israel fueron salvos mediante este nuevo pacto. Entonces los gentiles se conectaron con el pacto y comenzaron a recibir misericordia. Como tenemos un pacto a través de la sangre de Jesús y somos creyentes, ¡se nos extiende misericordia!

La misericordia es una de las fuerzas más poderosas que existen. La misericordia está conectada con la compasión y la benevolencia. Cuando usted tiene compasión y misericordia por alguien, está dispuesto a ayudarlo. Usted usa su fuerza y poder para ayudar a alguien que sea menos afortunado, en necesidad y que no lo pueda hacer por sí solo.

En la Biblia, sus entrañas, sus partes internas están conectadas con la compasión. Primera de Juan 3:17 dice: "Mas el que tuviere bienes de este mundo, y viere a su hermano tener necesidad, y le cerrare *sus entrañas*, ¿cómo permanece la caridad de Dios en él?" (jbs, énfasis añadido). Esto significa que la compasión es una fuerza profunda y poderosa que controla la manera en que se relaciona con otra persona. Su compasión por alguien lo impulsa o lo motiva de dentro hacia afuera para actuar a su favor. Cuando esa profunda emoción o sentimiento por los demás es apagado, usted no se sentirá movido a hacer nada por ellos. Sus entrañas son el centro de sus motivos para la mayoría de las cosas que hace. A menudo necesitamos liberación en esta área: en las entrañas, en las partes internas. En 1 Juan 3:17 la Biblia esencialmente está preguntando: "¿Cómo puede el amor de Dios vivir en una persona que no es *movida* para ayudar a alguien en necesidad?". No es posible. Como la compasión y la misericordia son centrales para el carácter de Dios. Dios no está solamente dispuesto a ayudarlo, Dios es *movido* a ayudarlo. Su misericordia y su compasión lo compelen a venir en su rescate y liberarlo.

La Biblia dice esto consistentemente acerca de que Jesús era movido a compasión cuando la gente venía a Él con necesidad de sanidad o liberación de espíritus demoníacos: "Y saliendo Jesús, vio una gran multitud, y tuvo compasión de ellos, y sanó a los que de ellos estaban enfermos" (Mateo 14:14).

- Jesús le abrió los ojos al ciego por compasión (Marcos 10:46-52).
- Jesús limpió al leproso por compasión (Marcos 1:41).
- Un padre trajo a su hijo endemoniado a Jesús para sanidad, y Jesús liberó a su hijo por compasión (Marcos 9:21-23).
- Jesús levantó a un muchacho de los muertos porque se compadeció y se lo entregó a su madre (Lucas 7:12-15).

Jesús fue movido a compasión cuando vio la condición de las ovejas perdidas de la casa de Israel (Mateo 9:36).

La palabra hebrea para *misericordia* es *checed*. Se traduce al español como "misericordia, benignidad, benevolencia, bondad, amablemente, misericordioso, favor, bien, gentileza, conmiseración".[1] Una palabra hebrea relacionada *racham*, habla todavía más de cerca sobre la misericordia bajo el pacto de Dios. Significa "amar, amar profundamente, tener misericordia, ser compasivo, tener afecto entrañable, tener compasión".[2]

Usted la puede ver aquí en 2 Reyes 13:23:

> Mas Jehová tuvo misericordia de ellos, y se *compadeció* [o tuvo misericordia] de ellos y los miró, a causa de su pacto con Abraham, Isaac y Jacob; y no quiso destruirlos ni echarlos de delante de su presencia hasta hoy.
>
> —ÉNFASIS AÑADIDO

La palabra *compasión* en este versículo es la misma palabra hebrea *racham*, utilizada para *misericordia* en otros lugares en el Antiguo Testamento (vea Éxodo 33:19; Salmos 102:13; Proverbios 28:13; Isaías 14:1; 30:18). La idea es que la misericordia, la compasión y la conmiseración de Dios son para el pueblo de su pacto. La misericordia mueve a Dios y lo lleva a actuar a nuestro favor. Por eso es que digo que la liberación de todos nuestros enemigos es central para este nuevo pacto de misericordia.

Dios no solamente sintió lástima por nosotros; eso no es compasión. Dios fue movido por su misericordia e hizo algo por nuestra situación. Hay una diferencia entre sentir lástima por alguien y tener misericordia de alguien. Usted puede sentir lástima por alguien y no hacer nada: "Qué cosa, eso está terrible. Realmente siento lástima por ellos". Pero usted no quiere inmiscuirse. Así no es como Dios obra. Dios se involucró por completo en nuestro desastre. Cuando vio al pueblo de su pacto—la simiente de Abraham—enfermo, atado, endemoniado, pobre, quebrantado, controlado por líderes religiosos que se estaban aprovechando de ellos, la naturaleza de pacto de Dios se manifestó a favor de los hijos de su amigo de pacto, Abraham. Dios fue movido a hacer algo acerca de su situación.

Todavía es movido hoy para rescatarnos y liberarnos incluso

ahora. Él ve nuestra condición. Escucha nuestro gemir. Ve nuestro cautiverio. Envió a su Hijo para venir en persona a cumplir la asombrosa magnitud de su pacto de misericordia y compasión extendida hacia nosotros: el pueblo de su pacto, hijos e hijas de Abraham.

¡SU MISERICORDIA ES PARA SIEMPRE!

Uno de los salmos más grandes en la Biblia es el Salmo 136. Los rabinos lo llaman el Gran Halal. Dice constantemente: "Alabad a Jehová, porque él es bueno, porque para siempre es su misericordia". Menciona todas las cosas que Dios hizo por Israel. Lo que este pasaje está diciéndole es que si usted sabe que la misericordia de Dios está en su vida, debe estar agradecido por ello. La acción de gracias es una respuesta a la misericordia de Dios. Nadie debería obligarlo a alabar y agradecer a Dios. Cuando usted entiende la misericordia, la gracia, el perdón, la sanidad, la liberación y compasión de Dios en su vida, cada vez que entre a la casa de Dios, usted aplaudirá y alabará a Dios, levantará las manos y le agradecerá. Su misericordia es de generación en generación. Nunca se acaba. Nunca termina. Su misericordia es para siempre. Eso es algo por lo cual agradecerle a Dios.

La frase *para siempre es* significa: "continúa existiendo… permanece firme bajo sufrimiento o infortunio sin rendirse".[3] La palabra *siempre* significa: "por un tiempo ilimitado, en todo tiempo, continuamente".[4] Por lo tanto, el significado de estas palabras clave nos habla del amor de Dios que es poderoso, firme, digno de confianza, tenaz, sin fin.

Así que a medida que hablemos de la liberación y usted desee más y más ser hecho libre, usted necesitará creer que Dios es misericordioso, que Dios lo sanará, que Él lo liberará, que Él tiene compasión, y que Él es movido por su condición. No piense que a Dios no le importa. Dios se preocupa profundamente y moverá el cielo y el infierno para venir a su rescate. Cuando usted esté recibiendo ministración, sepa que es la manifestación de la gran compasión, misericordia y benevolencia del Espíritu de Dios y el Padre hacia usted. Las liberaciones, las sanidades y los milagros son una manifestación del amor del Padre fluyendo hacia usted y a través de usted.

Creo que cuando obtengamos una revelación plena del pacto de la misericordia de Dios fluyendo a través de nosotros veremos más milagros en el cuerpo de Cristo. Cuando nos rendimos al Espíritu de Dios y permitimos que el amor del Padre y su compasión fluyan a través de nosotros, veremos los ojos de los ciegos abiertos, los oídos de los sordos destapados y a los cojos andar. No podemos fluir en milagros, sanidad y liberación, ni experimentarlos sin la misericordia de Dios. Cada uno de nosotros deberíamos ser canales de la misericordia de Dios para un mundo perdido y herido.

Nadie merece sanidad y liberación. Es el pacto de misericordia de Dios que nos extiende esos beneficios. Es la fidelidad de Dios al pacto lo que lo hace. No tiene nada que ver con ninguno de nosotros fuera de nuestra elección de recibir a Jesús. Y Jesús no vino a juzgarnos y darnos una paliza; vino a extendernos misericordia y a sanarnos y a liberarnos. ¡Gracias a Dios por su misericordia de pacto sobre nuestra vida!

ORACIONES PARA QUE LA MISERICORDIA Y LIBERACIÓN DE DIOS VENGAN SOBRE SU VIDA

Respóndeme cuando clamo, oh Dios de mi justicia. Cuando estaba en angustia, tú me hiciste ensanchar; ten misericordia de mí, y oye mi oración (Salmos 4:1).

Ten misericordia de mí, oh Jehová, porque estoy enfermo; sáname, oh Jehová, porque mis huesos se estremecen (Salmos 6:2).

Ten misericordia de mí, Jehová; mira mi aflicción que padezco a causa de los que me aborrecen, tú que me levantas de las puertas de la muerte (Salmos 9:13).

Grandes triunfos da a su rey, y hace misericordia a su ungido, a David y a su descendencia, para siempre (Salmos 18:50).

Ha hecho memorables sus maravillas; clemente y misericordioso es Jehová (Salmos 111:4).

Señor, tú eres grande en misericordia y verdad, que yo experimente tu abundante gracia y misericordia (Salmos 86:15).

La misericordia de Dios es sobre mí porque le temo (Lucas 1:50).

Por las muchas misericordias del Señor no me ha consumido ni me ha desamparado (Nehemías 9:31).

El Señor me ha socorrido acordándose de la misericordia (Lucas 1:54).

El Señor me hace misericordia a millares, porque lo amo y guardo sus mandamientos (Éxodo 20:6).

En la misericordia de Dios he confiado (Salmos 13:5).

La misericordia del Altísimo, no me será removida (Salmos 21:7).

El Señor se acuerda de sus piedades y de sus misericordias hacia mí, que son perpetuas (Salmos 25:6).

El Señor se volverá a mí y tendrá misericordia de mí (Salmos 25:16, NTV).

El Señor me redimirá y tendrá misericordia de mí (Salmos 26:11).

El Señor me escucha y tiene misericordia de mí. Él es mi ayudador (Salmos 30:10).

He aquí el ojo del Señor está sobre mí porque le temo y espero en su misericordia (Salmos 33:18).

Bendito sea Dios, que no echó de sí mis oraciones, ni de mi su misericordia (Salmos 66:20).

El Señor me mostrará su misericordia y me dará su salvación (Salmos 85:7).

El Señor es bueno conmigo; para siempre es su misericordia, y su verdad por todas mis generaciones (Salmos 100:5).

El Señor redime mi vida de la muerte y me corona de amor y tiernas misericordias (Salmos 103:4, NTV).

El Señor se ha acordado de su pacto, y se ha arrepentido conforme a la muchedumbre de sus misericordias (Salmos 106:45).

El Señor tiene misericordia de mí según su palabra (Salmos 119:58).

Por su misericordia, el Señor ha disipado a mis enemigos, y ha destruido a todos los adversarios de mi alma (Salmos 143:12).

Por la misericordia del Señor no he sido consumido (Lamentaciones 3:22, NVI).

El Señor es rico en misericordia hacia mí, por su gran amor con que me amó (Efesios 2:4).

El Señor me condujo en su misericordia y me redimió; me ha llevado con su poder a su santa morada (Éxodo 15:13).

El Señor me salva gloriosamente, y usa de misericordia para conmigo y mi descendencia para siempre (2 Samuel 22:51).

Le daré las gracias al Señor, porque Él es bueno. Y para siempre es su misericordia (1 Crónicas 16:34).

El Señor hará resplandecer su rostro sobre mí; y me salvará por sus misericordias (Salmos 31:16).

El Dios de mi misericordia es mi refugio; cantaré a Él, que es mi fortaleza (Salmos 59:17).

Conmigo estarán la fidelidad y la misericordia del Señor, y en su nombre será exaltado mi poder (Salmos 89:24, NBLH).

Para siempre el Señor me conservará su misericordia, y su pacto será firme conmigo (Salmos 89:28).

El Señor de mañana me saciará de su misericordia, y cantaré y me alegraré todos mis días (Salmos 90:14).

La misericordia del Señor me ha sustentado (Salmos 94:18).

La misericordia del Señor será un consuelo para mí (Salmos 119:76).

Muchas son las misericordias del Señor hacia mí; Él me vivificará conforme a sus juicios (Salmos 119:156).

He alcanzado la misericordia de Dios porque confieso y me aparto de mis pecados (Proverbios 28:13).

Así como perdonó a los hijos de Israel, Él perdonará ahora mi iniquidad según la grandeza de su misericordia (Números 14:19).

El Señor mi Dios, el Dios fiel; guarda su pacto y su misericordia conmigo hasta mil generaciones porque lo amo y guardo sus mandamientos (Deuteronomio 7:9, NBLH).

El Señor se levantará y tendrá misericordia de mí, porque es tiempo de tener misericordia de mí, porque el plazo ha llegado (Salmos 102:13).

Mis ojos miran al Señor mi Dios, hasta que tenga misericordia de mí (Salmos 123:2).

El Señor cumplirá su propósito en mí. Su misericordia es para siempre. Él no desamparará la obra de sus manos (Salmos 138:8).

El Señor ha hecho conmigo un pacto eterno, las misericordias firmes a David (Isaías 55:3).

Me convertiré al Señor mi Dios; porque misericordioso es y clemente, tardo para la ira y grande en misericordia (Joel 2:13).

Me acercaré confiadamente al trono de la gracia, para alcanzar misericordia y hallar gracia para el oportuno socorro (Hebreos 4:16).

El Señor, con todo, por sus muchas misericordias no me abandonó en el desierto. Me ha alumbrado el camino por el que he de ir (Nehemías 9:19).

Según la gran misericordia del Señor me enviará libertadores para que me salven de mano de mis enemigos (Nehemías 9:27).

No tendré hambre ni sed, ni el calor ni el sol me afligirá; porque el Señor tiene misericordia de mí y me guiará, y me conducirá a manantiales de aguas (Isaías 49:10).

El Señor mi Dios inclinará su oído, y oirá; abrirá sus ojos, y mirará mis desolaciones, porque yo elevo mis ruegos ante Él confiado en sus muchas misericordias (Daniel 9:18).

Porque el Señor me fortalecerá, y me guardará, y me hará volver; porque tendrá piedad de mí, y no seré desechado; porque Él es el Señor mi Dios, y me oirá (Zacarías 10:6).

CAPÍTULO 2
LA LIBERACIÓN ES EL PAN DE LOS HIJOS

Deja primero que se sacien los hijos, porque no está bien
tomar el pan de los hijos y echarlo a los perrillos.

—MARCOS 7:27

EL MINISTERIO DE liberación es una parte esencial de la vida de cada iglesia y cada creyente. Debería ser incorporada en cada comunidad y ser acogida por todos los creyentes. El ministerio de liberación lo fortalecerá y lo preparará para una manifestación mayor del poder de Dios. Necesitamos no temer un ministerio de liberación *válido*.

La liberación que proviene de Dios es parte de la bendición de estar en pacto con Él. Solamente destruye lo que es del diablo; jamás destruye lo que es del Espíritu Santo. Como la liberación es una obra del Espíritu Santo, hace crecer a los santos y edifica a la Iglesia. Derriba las fortalezas del enemigo, pero edifica la obra de Dios.

DESNUTRICIÓN ESPIRITUAL

Y he aquí una mujer cananea que había salido de aquella región clamaba, diciéndole: ¡Señor, Hijo de David, ten misericordia de mí! Mi hija es gravemente atormentada por un demonio [...] Respondiendo él, dijo: No está bien tomar el pan de los hijos, y echarlo a los perrillos.

—MATEO 15:22, 26

La mujer era griega, y sirofenicia de nación; y le rogaba que echase fuera de su hija al demonio. Pero Jesús le dijo:

Deja primero que se sacien los hijos, porque no está bien tomar el pan de los hijos y echarlo a los perrillos.
—MARCOS 7:26–27

En ambas referencias de la Escritura Jesús se refiere a la liberación como "el pan de los hijos". Las tres palabras contienen una revelación con respecto a la importancia del ministerio de liberación. La liberación es el pan de los hijos de Dios. Es parte de la dieta de la que cada creyente tiene el derecho de participar. Cuando la liberación no es parte de la dieta de un creyente (o grupo de creyentes) el resultado es desnutrición espiritual. Estoy convencido de que hay multitudes que están desnutridas espiritualmente porque no están recibiendo el pan de los hijos.

Pan, simplemente definido, es alimento o sustento. *Sustento* es definido como "un medio de soporte, manutención o subsistencia [...] el estado de ser sostenido [....] algo que da apoyo, supervivencia o fuerza".[1] Los cristianos necesitan pan para sobrevivir. Sin el cual habrá desmayo y debilidad. La razón por la que tantos creyentes están débiles o desmayan es porque no han recibido liberación, que es el pan de los hijos.

Tanto Mateo como Marcos registran que Jesús dijo: "el pan de los hijos". No obstante, varias palabras de Marcos nos dan una comprensión adicional: "Deja primero que se sacien los hijos". La palabra *sacien* también significa quedar satisfechos. Así como el apetito natural no se puede satisfacer sin pan, el apetito espiritual no se puede satisfacer sin liberación. La iglesia ha estado tratando de traer liberación al mundo al mismo tiempo de ignorar las palabras de Jesús: "Deja primero que se sacien los hijos" (Marcos 7:27). En otras palabras, ¡no podemos brindar al mundo liberación con éxito hasta que la traigamos a la Iglesia y seamos liberados nosotros mismos!

El pan no es un alimento de lujo. Es un *alimento básico*. Un recurso *básico* es definido como "algo que tiene uso o atractivo amplio y constante, el elemento que sostiene o elemento principal".[2] Cuando nos referimos a que algo es principal, estamos diciendo que es un asunto, o cosa, de importancia primaria. *Principal* también se define como "más importante, de mayores consecuencias o influencia: capital".[3]

Como el pan es un alimento básico y como la liberación es llamada "el pan de los hijos", entonces podemos concluir que la liberación es de importancia primaria para la vida del creyente. Es un elemento de sustento o un elemento principal de nuestra dieta espiritual.

> El hace brotar la hierba para el ganado, y las plantas para el servicio del hombre, para que él saque alimento de la tierra, y vino que alegra el corazón del hombre, para que haga brillar con aceite su rostro, y *alimento que fortalece el corazón del hombre.*
>
> —SALMOS 104:14–15, NBLH, ÉNFASIS AÑADIDO

El pan fortalece el corazón. La traducción al inglés de Berkeley dice: "y pan para mejorar la salud del hombre". La liberación ciertamente mejorará su salud. Usted no será saludable sin participar de este pan. La versión Dios Habla Hoy dice: "el pan que le da fuerzas". El pan nos hace fuertes. Una escasez de pan produce debilidad, que es el resultado de la desnutrición. La traducción al inglés de Harrison dice: "también con pan, para refrescar el cuerpo humano".[4] La liberación refresca.

Cada creyente necesita refresco. La liberación, como parte de la dieta de cualquier creyente, generará que vengan salud, fuerza y refresco a la vida de los que participen del pan de los hijos.

APACIENTE A LA GREY

Ruego a los ancianos que están entre vosotros, yo anciano también con ellos, y testigo de los padecimientos de Cristo, que soy también participante de la gloria que será revelada: Apacentad la grey de Dios que está entre vosotros, cuidando de ella, no por fuerza, sino voluntariamente; no por ganancia deshonesta, sino con ánimo pronto.

—1 PEDRO 5:1–2

Entonces cuídense a sí mismos y cuiden al pueblo de Dios. *Alimenten y pastoreen al rebaño de Dios*—su iglesia, comprada con su propia sangre—sobre quien el Espíritu Santo los ha designado ancianos.

—HECHOS 20:28, NTV, ÉNFASIS AÑADIDO

La Biblia en inglés *Bible in Basic English* traduce Hechos 20:28 de esta manera: "para alimentar a la iglesia de Dios".

Como la liberación es el pan de los hijos y a los ancianos se les manda alimentar la grey, entonces es responsabilidad de los pastores ministrar y enseñar liberación a la iglesia de Dios.

A la mayoría de los pastores se les ha enseñado que alimentar a la iglesia es simplemente predicar y enseñar la Palabra de Dios. La mayoría de las iglesias conducen estudios bíblicos y predican sermones los domingos como maneras de apacentar la grey de Dios. No obstante, hay muchos creyentes que han escuchado sermones, asistido a muchos estudios bíblicos y todavía no están satisfechos.

Van de iglesia en iglesia y de congreso en congreso con "comezón de oír" tratando de saciarse a través de escuchar otro mensaje más. Aunque creo que predicar y enseñar es una parte importante de apacentar la grey, sostengo que si la liberación no es parte vital del ministerio de una iglesia, la grey no está siendo alimentada apropiadamente.

En otras palabras, predicar y enseñar es parte de apacentar la grey, pero sin liberación, el alimento está incompleto. Alimentar a la Iglesia de Dios es más que sermones y estudios bíblicos. Si la liberación es el pan de los hijos, entonces los pastores son culpables de no alimentar adecuadamente a la grey si han descuidado la liberación.

> Vino a mí palabra de Jehová, diciendo: Hijo de hombre, profetiza contra los pastores de Israel; profetiza, y di a los pastores: Así ha dicho Jehová el Señor: ¡Ay de los pastores de Israel, que se apacientan a sí mismos! ¿No apacientan los pastores a los rebaños?
>
> —Ezequiel 34:1–2

Ezequiel da una palabra profética contra los pastores que no alimentan al rebaño. Pronunció un "ay" en su contra. Un ay es una calamidad o problema que viene sobre el que es pronunciado. Los pastores que descuidan ministrar liberación a la grey, suministrándoles pan, están en peligro del juicio de Dios. Esta es una palabra aleccionadora cuando considera que la liberación es parte de apacentar la grey.

> Coméis la grosura, y os vestís de la lana; la engordada degolláis, mas no apacentáis a las ovejas. No fortalecisteis las débiles, ni curasteis la enferma; no vendasteis la perniquebrada, no volvisteis al redil la descarriada, ni buscasteis la perdida, sino que os habéis enseñoreado de ellas con dureza y con violencia.
>
> —Ezequiel 34:3–4

Esta es una referencia del descuido en ministrar liberación al pueblo de Dios. En lugar de ello, el Señor señala la fuerza y crueldad con la que el rebaño ha sido tratado. Esta es una referencia al control y dominio religioso. El juicio del Señor viene sobre los pastores que no han alimentado al rebaño, sino que más bien lo han gobernado con dureza y severidad.

Juntar contra dispersar

Y andan errantes por falta de pastor, y son presa de todas las fieras del campo, y se han dispersado.

—Ezequiel 34:5

El resultado del descuido espiritual del pueblo de Dios por parte de los pastores es que está disperso. ¿Podría el descuido de la liberación causar que el pueblo del Señor sea dispersado? ¡La respuesta es un sí atronador!

Con el fin de ver esto más claramente, quiero guiar su atención a la declaración de nuestro Señor Jesús en el Evangelio de Mateo en el versículo 30 del capítulo 12: "El que no es conmigo, contra mí es; y el que conmigo no recoge, desparrama".

El contexto de estas palabras habladas por nuestro Señor son en referencia a la liberación. Los fariseos lo habían acusado de echar fuera demonios por Beelzebú, el príncipe de los demonios (Mateo 12:24). Jesús responde diciendo que estaba echando fuera demonios por el Espíritu de Dios (v. 28). Entonces es que hace esta declaración: "…el que conmigo no recoge, desparrama" (v. 30). Jesús identifica la liberación como un ministerio que junta. Los que se oponen a él de hecho están desparramando o dispersando.

Esto es exactamente lo que le profetizó Ezequiel a los pastores. No habían alimentado al rebaño, y el resultado fue que las ovejas fueron dispersadas. La liberación, el pan de los hijos, hace que el rebaño se junte; la oposición al ministerio de liberación causa que se dispersen.

El pueblo de Dios se ha vuelto presa de todas las bestias del campo. Las bestias representan a espíritus malignos. Los espíritus malignos de hecho se alimentan de los rebaños porque no hay pastores alimentándolos con el pan de la liberación.

> Anduvieron perdidas mis ovejas por todos los montes, y en todo collado alto; y en toda la faz de la tierra fueron esparcidas mis ovejas, y no hubo quien las buscase, ni quien preguntase por ellas.
>
> —EZEQUIEL 34:6

Cuando las ovejas no reciben liberación, terminan errando y siendo dispersadas sobre la faz de la Tierra. Terminan siendo presa de las bestias del campo. El punto a subrayar es que el Señor no culpa a las ovejas; le adjudica la responsabilidad a los pastores.

A menudo he dicho que cuando el Señor ve a sus ovejas en esta condición, busca al pastor. El pastor es el responsable por la condición del rebaño. El pastor es responsable de alimentar al rebaño y protegerlo de los estragos del enemigo.

> Por tanto, pastores, oíd palabra de Jehová: Vivo yo, ha dicho Jehová el Señor, que por cuanto mi rebaño fue para ser robado, y mis ovejas fueron para ser presa de todas las fieras del campo, sin pastor; ni mis pastores buscaron mis ovejas, sino que los pastores se apacentaron a sí mismos, y no apacentaron mis ovejas.
>
> —EZEQUIEL 34:7–8

EL SEÑOR ES SU PASTOR

Cuando está desnutrido, usted es susceptible a la enfermedad, padecimientos y otros ataques sobre el cuerpo y la mente. La infección y la enfermedad a menudo invaden el cuerpo porque está demasiado débil para combatirlas. Esto también es cierto en la esfera del espíritu.

Cuando no tiene una dieta espiritual apropiada, usted es

vulnerable a la infección. Se vuelve vulnerable y susceptible a los ataques demoníacos. Se vuelve una víctima de las artimañas y estratagemas del diablo. Por eso es que la liberación debe ser parte de su dieta espiritual.

Usted debe participar del pan de los hijos si va a ser lo suficientemente fuerte para repeler los ataques del enemigo. El enemigo depredará sobre cualquier debilidad que resulte de la desnutrición espiritual.

Pero no pierda la esperanza si su iglesia no es una iglesia que opere en liberación. El Señor ha prometido rescatarlo y visitarlo con su presencia. Él será su pastor (vea Salmos 23). A usted no le faltará el sustento vital de la liberación y protección de los ataques del enemigo.

> Por tanto, oh pastores, oíd palabra de Jehová. Así ha dicho Jehová el Señor: He aquí, yo estoy contra los pastores; y demandaré mis ovejas de su mano, y les haré dejar de apacentar las ovejas; ni los pastores se apacentarán más a sí mismos, pues yo libraré mis ovejas de sus bocas, y no les serán más por comida.
>
> —Ezequiel 34:9–10

La Nueva Versión Internacional dice: "Arrebataré de sus fauces a mis ovejas" (NVI). La traducción al inglés de Moffat dice: "Rescataré mi rebaño de su codicia". Como los pastores no alimentaron al rebaño, el Señor exigirá que le devuelvan la grey. Lo rescatará a usted para sí mismo.

> Entonces se levantó con sus nueras, y regresó de los campos de Moab; porque oyó en el campo de Moab que Jehová *había visitado a su pueblo para darles pan*.
>
> —Rut 1:6, énfasis añadido

El Señor lo visitará personalmente y le dará el pan de la liberación. Él ha visto su hambruna, y tendrá misericordia de usted al enviarle liberación, el pan de los hijos. Este es el día de visitación.

> Bendito sea el Señor, Dios de Israel, porque nos ha visitado
> y ha traído redención para Su pueblo, y nos ha levantado
> un cuerno de salvación en la casa de David Su siervo.
> —Lucas 1:68–69, nblh

Cuando viene la visitación, viene liberación (un cuerno de salvación). Cuando venga la visitación, usted recibirá pan. Usted será lleno y satisfecho. Usted nunca será verdaderamente satisfecho aparte de una visitación del Señor.

> Como reconoce su rebaño el pastor el día que está en medio
> de sus ovejas esparcidas, así reconoceré mis ovejas, y las li-
> braré de todos los lugares en que fueron esparcidas el día
> del nublado y de la oscuridad. Y yo las sacaré de los pue-
> blos, y las juntaré de las tierras; las traeré a su propia tierra,
> y las apacentaré en los montes de Israel, por las riberas, y en
> todos los lugares habitados del país. En buenos pastos las
> apacentaré, [...] allí dormirán en buen redil...
> —Ezequiel 34:12–14

El Señor promete visitarlo y darle pan. Él lo alimentará en buenos pastos. Allí dormirá en buen redil. El Señor lo está trayendo de un mal redil a un buen redil donde puede recibir pan. Él lo visitará en los lugares donde ha sido echado y dispersado y lo traerá de vuelta para descansar en buenos pastos. Él lo buscará y lo visitará.

BALANCE ENTRE LA
LIBERACIÓN Y LA PALABRA

El respondió y dijo: Escrito está: No sólo de pan vivirá el
hombre, sino de toda palabra que sale de la boca de Dios.
—MATEO 4:4

Como he usado el pan como una imagen para la liberación, quiero
reiterar que la liberación es una parte vital de la dieta espiritual
del creyente. Sin liberación a usted le estará faltando en su dieta
y se desnutrirá espiritualmente. No obstante, debo enfatizar que
la liberación, aunque es una parte vital, es solamente una parte de
ser alimentados.

No podemos vivir solamente de pan (liberación), sino de cada
palabra que sale de la boca de Dios. Estudiar y recibir la Palabra
de Dios también es una parte vital de una dieta espiritual apropiada. Esto incluye predicación y enseñanza ungidas, y también
profecía, que es la palabra del Señor. Necesitamos liberación, pero
también necesitamos la Palabra. No seremos fuertes sin revelación,
ciencia, profecía y doctrina (1 Corintios 14:6). Estos, además de la
liberación, deben ser componentes de la dieta del pueblo de Dios.

Una dieta es definida como nutrición habitual. Se deriva de la
palabra griega *diaita* que significa "manera de vivir". En otras palabras, debe ser nuestra manera de vivir.

No importa cuantos demonios sean echados fuera de la vida
de una persona, volverán a menos que la persona viva su vida de
acuerdo con la Palabra de Dios. Necesitamos desarrollar buenos
hábitos espirituales cuando se trata de la Palabra y la liberación.

El ministerio profético también es una parte importante de
la dieta de un creyente. La profecía edifica, exhorta y consuela
(1 Corintios 14). La palabra profética edifica a los santos. Así como
los alimentos naturales desarrollan el cuerpo natural, la profecía

edifica al hombre espiritual. La profecía provee nutrición espiritual al pueblo de Dios. La profecía es una parte de "toda palabra que sale de la boca de Dios" (Mateo 4:4).

En conclusión, una dieta apropiada para cada hijo de Dios incluye predicación ungida, enseñanza, ministerio profético, estudio bíblico y liberación. El resultado serán creyentes saludables, fuertes y maduros e iglesias locales fuertes. No podemos darnos el lujo de sobreenfatizar y subenfatizar uno u otro. ¡Los necesitamos todos!

ORACIONES DE LIBERACIÓN

Guarda mi alma, y líbrame (Salmos 25:20).

Quieras, oh Jehová, librarme (Salmos 40:13).

Apresúrate, oh Dios, a socorrerme (Salmos 70:1).

Socórreme y líbrame en tu justicia (Salmos 71:2).

Dios mío, líbrame de la mano del impío (Salmos 71:4).

Líbrame de los que me persiguen (Salmos 142:6).

Sácame de las muchas aguas (Salmos 144:7).

Líbrame de la opresión humana (Salmos 119:134, NVI).

Líbrame conforme a Tu palabra (Salmos 119:170, NBLH).

Libra mi alma, oh Jehová, del labio mentiroso, y de la lengua fraudulenta (Salmos 120:2).

Líbrame de mis enemigos, oh Jehová; en ti me refugio (Salmos 143:9).

Rodéame con cánticos de liberación (Salmos 32:7).

Manda salvación para mi vida (Salmos 44:4).

Líbrame de todos mis temores (Salmos 34:4).

Líbrame de todos mis problemas (Salmos 54:7, TLA).

¡Líbrame de los que me odian! (Salmos 69:14, TLA).

Líbrame de mis aflicciones (Salmos 107:6).

Envía tu Palabra y líbrame de la ruina (Salmos 107:20).

Libra mi alma de la muerte, mis ojos de lágrimas, y mis pies de resbalar (Salmos 116:8).

Invoco el nombre de Jesús, y soy salvo (Joel 2:32).

Líbrame del poder de los leones (Daniel 6:27).

Soy librado por tu conocimiento (Proverbios 11:9, NBLH).

Soy librado por tu sabiduría (Proverbios 28:26).

Recibo milagros de liberación para mi vida (Daniel 6:27).

Oraciones para liberación del mal

Líbrame del mal (Mateo 6:13).

Te pido que me libres de mal (1 Crónicas 4:10).

No me tocará el mal (Job 5:19).

Sean avergonzados los que mi mal desean (Salmos 40:14).

No se apodere de mí enfermedad maligna (Salmos 41:8).

No tendré temor de malas noticias (Salmos 112:7).

No seré visitado de mal (Proverbios 19:23).

Contengo mis pies de todo mal camino para guardar tu Palabra (Salmos 119:101).

Guárdame de todo mal (Salmos 121:7).

Líbrame del hombre malo (Salmos 140:1).

Que la gente sea sanada de plagas y espíritus malos (Lucas 7:21).

Te pido que me guardes del mal (Juan 17:15).

Que los espíritus malos salgan (Hechos 19:12).

No seré vencido de lo malo, sino venceré con el bien el mal (Romanos 12:21).

Tomo toda la armadura de Dios, para que pueda resistir en el día malo (Efesios 6:13).

Cancelo todos los planes y fuerzas del mal enviadas en contra de mi vida.

Que las obras del mal sean quemadas por tu fuego santo.

Que los hombres se arrepientan del mal y se vuelvan a la justicia.

Que el mal no sea establecido en mi vida, sino que tu justicia sea establecida.

Me libero de todos los que hacen mal y de los lazos malos del alma.

CAPÍTULO 3
RECHAZO: LA PUERTA A LA OPRESIÓN DEMONÍACA

Habiendo orado por creyentes de muchas naciones he llegado a esta conclusión: el padecimiento menos diagnosticado, y por lo tanto, menos tratado en el Cuerpo de Cristo hoy es el rechazo. El rechazo, sea activo o pasivo, real o imaginario, le roba a Jesucristo su señorío legítimo de la vida de sus hijos y les roba la vitalidad y la calidad de vida que Jesús quería que tuvieran.[1]

—NOEL Y PHYL GIBSON

DIOS NOS CREÓ para ser amados. Cada persona necesita amor. Usted necesita el amor de una familia, el amor de otros, el amor de un padre; usted necesita el amor de Dios. Usted fue creado para ser amado. Y si no obtiene ese amor, usted aceptará el rechazo o manifestará temor u orgullo como las dos manifestaciones del rechazo. El enemigo usará estas dos manifestaciones para abrir la puerta para que entren demonios a su vida. El enemigo sabe cómo destruir la vida de una persona a través del rechazo. El rechazo es lo que le abre la puerta a todo tipo de opresión demoníaca para que entre a la vida de una persona.

¿CÓMO SE RECIBE UN ESPÍRITU DE RECHAZO?

La mayoría de la gente ha sufrido rechazo temprano en su vida en el vientre de su madre, a través de maldiciones prenatales, por haber sido niños no deseados o ilegítimos, por abandono, por su orden de nacimiento, por adopción o por abuso sexual.

Una persona puede experimentar rechazo antes de nacer de

varias maneras. Pueden recibir un espíritu de rechazo por la manera o el tiempo de la concepción, por ejemplo, si la madre fue violada o sufrió abuso o estaba teniendo una aventura fuera del matrimonio y se embarazó. Los niños nacidos bajo estas circunstancias podrían mostrar un espíritu de rechazo. También los niños nacidos fuera del matrimonio o de padres que no los querían, que han generado carga en el presupuesto familiar, que son el último de una familia grande y el de en medio de una familia a menudo batallan con rechazo. Las circunstancias alrededor de una mujer embarazada y su actitud hacia su hijo no nacido influencian al niño en el vientre. La actitud del padre hacia un niño no nacido también tiene un impacto. Algunos padres quieren un hijo y terminan teniendo una niña. Esa niña podría recibir un espíritu de rechazo y sentirse mal de que no está agradando a su padre y desea haber sido un niño en su lugar. Lo mismo sucede con los niños cuyos padres deseaban que fueran niñas.

La manera en que un niño nace también puede causar que reciba un espíritu de rechazo. Si un niño nació demasiado rápido y fue forzado a salir por el canal del nacimiento (vía fórceps o vacío, por ejemplo) posiblemente no haya tenido tiempo de hacer la transición a la vida fuera del vientre. La exposición abrupta al ruido, las luces brillantes y el manejo físico después de la calidez y seguridad del vientre puede ser traumática. Un niño que nace después de una labor de parto larga y extensa en la que la madre y el bebé han quedado exhaustos, así como un niño que nace por cesárea pueden desarrollar un espíritu de rechazo.

Un bebé que no se vinculó con su madre pronto después del nacimiento podría tener un sentimiento de haber sido rechazado. Un hijo adoptado siempre es un hijo rechazado. Los padres rechazados producen hijos rechazados. Existe el rechazo hereditario. Los padres que han sufrido de rechazo hereditario o que han sido rechazados antes del matrimonio no serán capaces de compartir calidez personal con sus hijos. Sin duda, ellos aman a sus hijos, pero como no proceden de una familia que expresaba amor, o de un vínculo emocional cercano, son incapaces de expresar amor físicamente. No es poco común escuchar a un padre decir: "No somos una familia demostrativa", o: "No somos del tipo de los que se besan o se abrazan". Esto traducido probablemente significa: "Nos avergüenza cualquier muestra de afecto". Así que los niños crecen rechazados, inseguros y careciendo en valor propio a pesar de ser rodeados de reemplazos materiales.

Otras causas de rechazo al principio de la vida:

- Nacer con el género opuesto al que los padres querían.
- Nacer con una deformidad o una discapacidad física.
- Crítica constante de los padres, hermanos o figuras de autoridad.
- Disciplina injusta, particularmente si otro miembro de la familia parece ser favorecido.
- Que le pongan sobrenombre o se le insulte enfatizando características personales vergonzosas.
- Que un hermano o hermana enfermo o incapacitado reciba cuidado y atención médica prolongados.
- Padres que muestran debilidad, apatía o pasividad en su autoridad o papel de responsabilidad.
- Haber sufrido abuso sexual o incesto.
- Que un padre se vuelva agresivo sexualmente con su esposa en presencia de sus hijos.
- Un niño malcriado o consentido terminará siendo rechazado.

- Los niños que pertenecen a una minoría racial suelen sentirse rechazados por la mayoría entre la que viven y juegan.

- Dificultades del habla como tartamudeo, balbuceo, ceceo o una incapacidad de pronunciar ciertas consonantes o palabras.

- Padres infelices que discuten, pelean, no se hablan o solamente hablan con sus hijos: los niños se sentirán culpables y responsables.

- Crueldad parental.

- Alcoholismo en uno o ambos padres.

- No haber sido perdonado por los padres o no tener su confianza.

- Sobornos o amenazas para ser exitosos académicamente.

- Ser expulsado de la escuela o rechazado por un grupo de iguales.

- Vergüenza por las creencias religiosas de los padres.

- Un padre que le muestra más atención a las amigas de su hija que a su propia hija.

- Destrucción de la casa familiar por un incendio o algún desastre natural.

- Que un miembro de la familia sea condenado por un crimen grave.

- Un descenso súbito en el estándar de vida de la familia causado por desempleo, despido o bancarrota del que gana el pan.

- Padres que tienen amplios recursos financieros, pero que muestran tacañería hacia sus hijos haciéndolos sentirse avergonzados delante de sus compañeros de juegos.

- Hijos que constantemente son dejados por su cuenta por las horas de trabajo de sus padres o por el desinterés de los padres en el bienestar de sus hijos.
- Padres que no muestran interés activo en el progreso del trabajo de los hijos en la escuela, los deportes, sus actividades o pasatiempos.

Causas de rechazo más tarde en la vida:

- Ser abandonado por la pareja o pasar por un divorcio.
- La muerte o infidelidad de la pareja en el matrimonio.
- Crueldad mental o física causada por el cónyuge.
- Vergüenza causada por una sentencia de la corte por una ofensa criminal.
- Cumplir con un periodo de prisión.
- Incapacidad de encontrar alivio a largo plazo a problemas mentales, emocionales o físicos después de haber agotado todas las formas de consejería o servicios profesionales.
- Ideologías religiosas incompatibles en el matrimonio que requieran que uno de los cónyuges sea forzado a cumplir con los deseos del otro.
- Una disminución en los estándares de vida causada por los hábitos de bebida de un cónyuge.
- Rechazo en el amor o un compromiso roto.
- Pasar tiempo en cama o quedar discapacitado como resultado de una enfermedad o accidente.
- Ser sujeto a presiones más allá de la habilidad personal de control.

- Ser despedido por incompetencia, recortado de la nómina o no ser capaz de encontrar empleo a lo largo de un periodo grande de tiempo.
- Ser completamente defraudado por personas en las que se confía y de cuyo consejo se ha dependido totalmente.
- Vergüenza financiera causada por el fracaso de inversiones hechas por el consejo de un amigo cercano o ser engañado financieramente por operadores inescrupulosos.
- Una imaginación más que fértil, particularmente si se permite a sí mismo la autolástima.

Rechazo cultural o étnico

Otra forma de rechazo es el rechazo a causa del trasfondo cultural o étnico de una persona. Hay fortalezas en esta forma de rechazo que están justo en el linaje. Usted no tiene que hacer nada mal para ser rechazado por la gente. El color de su piel puede causar rechazo, pero lo abre a tantos demonios que Jesús quiere liberarlo de esto. Usted puede ver que este tipo de rechazo se encuentra en la Biblia.

> No sea que haya algún fornicario, o profano, como Esaú, que por una sola comida vendió su primogenitura. Porque ya sabéis que aun después, deseando heredar la bendición, *fue desechado*, y no hubo oportunidad para el arrepentimiento, aunque la procuró con lágrimas.
> —HEBREOS 12:16–17, ÉNFASIS AÑADIDO

Esaú fue rechazado, y como resultado muchos de los de su pueblo, los edomitas, llevaron un espíritu de rechazo.

Lo mismo sucedió con los ismaelitas: los descendientes de Ismael, quienes hoy son conocidos como el pueblo árabe del mundo, que cargan con un fuerte espíritu de rechazo. Y el pueblo judío del mundo lleva un fuerte espíritu de rechazo. Cuando usted viene a Cristo si usted es un creyente árabe o judío, usted necesitará liberación. Muchos americanos de origen africano necesitan liberación a causa del rechazo social, racismo y prejuicio. Así que no es una cosa de blancos y negros, ni de judíos y árabes. Dios no hace acepción de personas. Es la historia de ciertas personas. Los indígenas estadounidenses en este país que han sufrido tanto rechazo necesitan una liberación importante cuando vienen a Cristo.

Si usted tiene una historia familiar, racial o cultural que está llena de rechazo, necesitará tratar con estas raíces de rechazo para ser hecho libre, de modo que pueda prosperar y ser bendecido y no operar en orgullo, temor, enfermedad, pobreza, hechicería, religión, legalismo y otros demonios que entran a causa del rechazo.

¿CUÁLES SON LAS SEÑALES Y LOS SÍNTOMAS DE UN ESPÍRITU DE RECHAZO?

La esquizofrenia comienza con rechazo, abre la puerta a una personalidad dividida, haciendo que la persona tenga doble ánimo. Estas son algunas señales y síntomas de que una persona quizá tenga un espíritu de rechazo:

- Un constante deseo de amor físico y confirmación de valía propia
- Adicción
- Buscar atención
- Desaliento
- Abatimiento
- Desánimo
- Envidia
- Fantasía

- Temores
- Frustración
- Culpa
- Pérdida de la esperanza
- Impaciencia
- Inferioridad
- Afecto desmedido por los animales
- Soledad
- Lujuria
- Perversión
- Orgullo
- Venganza
- Autorechazo
- Sensibilidad
- Vergüenza
- Suicidio
- Falta de dignidad
- Vanidad
- Aislamiento

¿RECHAZADO POR DIOS?

Ser rechazado por Dios viene como resultado de que una persona se rehúse a recibir el conocimiento de Dios (Oseas 4:6). He escuchado a la gente decir que Dios no rechaza a nadie. Déjeme decir esto primero: Dios es un Dios de amor. Dios jamás rechazará a una persona que se arrepienta y se acerque a Dios en fe. Él dice: "Venid a mí todos los que estáis trabajados y cargados, y yo os haré descansar" (Mateo 11:28). Dios alienta a las personas. No hace acepción de personas. No rechaza a la gente con base en su color, cultura o género. Dios es amor: "Todo lo que el Padre me da, vendrá a mí; y al que a mí viene, no le echo fuera" (Juan 6:37). Dios jamás rechazará a alguien que venga a Él en fe, amor y arrepentimiento. Pero eso no significa que Dios no rechace personas.

A lo largo de la Biblia vemos que Dios rechaza a ciertos individuos. Adán fue la primera persona en ser rechazada. Fue echado del jardín y rechazado por Dios por su desobediencia (vea Génesis 3). La ofrenda de Caín fue rechazada por Dios, y Caín asesinó a su hermano, Abel (Génesis 4:3–10). Ismael fue rechazado por Dios (Génesis 21:8–21). Aunque Dios lo amaba y prometió también bendecir sus generaciones, aun así sufrió rechazo por Dios, todo por la impaciencia de Abraham y Sara. Abraham y Sara no podían esperar a que la promesa de Dios se cumpliera en sus vidas. Trataron de ayudar a Dios usando a la sierva de Sara, Agar, como una sustituta (vea Génesis 16:1–4). Esto causó que Ismael fuera rechazado por Dios como la simiente prometida a Abraham.

Saúl fue otro que fue rechazado por Dios. Era de la tribu más pequeña de Israel, la tribu de Benjamín, y de la familia más pequeña de esa tribu. Antes de que Dios lo rechazara, ya tenía un espíritu de autorechazo, inferioridad e inseguridad (1 Samuel 15:17 dice: "Aunque eras pequeño en tus propios ojos, ¿no has sido hecho jefe de las tribus de Israel?"). Convertirse en el primer rey de Israel provocó que estas fortalezas se manifestaran todavía más. Cuando fue ungido rey de Israel manifestó rebelión y desobediencia. Salió a la batalla una vez y decidió hacer las cosas a su manera, y de inmediato, a causa de su arrogancia, impaciencia y falta de sumisión al profeta de Dios, fue rechazado como rey de Israel.

Ciertamente el obedecer es mejor que los sacrificios, y el prestar atención que la grosura de los carneros. Porque

como pecado de adivinación es la rebelión, y como ídolos e idolatría la obstinación. Por cuanto tú desechaste la palabra de Jehová, él también te ha desechado para que no seas rey.
—1 SAMUEL 15:22–23

Después de este rechazo se abrió la puerta para que todo tipo de demonios oprimieran a Saúl. Comenzó a manifestar paranoia, sospecha, un espíritu asesino, hechicería y finalmente suicidio. Esta es una ilustración de cómo los demonios pueden destruir a una persona a través del rechazo.

No fue Dios quien primero rechazó a Saúl. Saúl rechazó a Dios a través de la desobediencia y determinación de ir en contra de lo que sabía que el Señor le había mandado a hacer. La vida de Saúl fue destruida por este demonio de rechazo. Lo envió en un curso de colisión. Toda su vida se fue cuesta abajo. Todo fue resultado del demonio de rechazo.

Mi pueblo fue destruido, porque le faltó conocimiento. Por cuanto desechaste el conocimiento, yo te echaré del sacerdocio; y porque olvidaste la ley de tu Dios, también yo me olvidaré de tus hijos.
—OSEAS 4:6

Esta es una maldición de rechazo. Pero hay liberación, y hay perdón. Si una persona se arrepiente y dice: "Quiero el conocimiento de Dios. Quiero buscar a Dios. Quiero conocer su Palabra", esa persona puede ser liberada del rechazo.

Pero estoy aquí para decirle que si usted rechaza la liberación, si usted rechaza el conocimiento de la Palabra, el conocimiento de lo profético, y usted dice: "No lo quiero", Dios lo rechazará a usted. Hay algunos grupos de personas que no conocen ciertas cosas porque nunca se les han presentado. Pero a duras penas podemos decir eso en los Estados Unidos. Aquí, en alguna manera u otra, se nos ha presentado la verdad, la liberación, la sanidad, lo profético y lo apostólico. Bueno, Dios dice: "Si usted rechaza el conocimiento, yo lo rechazaré a usted".

Cuando usted es rechazado por Dios eso abre la puerta al espíritu de rechazo. Cuando esa raíz de rechazo viene a su vida, abrirá la puerta a una hueste de otros demonios para venir que destruirán su vida. Dios dice: "Mi pueblo fue destruido, porque le faltó conocimiento".

El espíritu de destrucción es el resultado de ser rechazado por Dios. Cuando esto sucede grupos enteros de personas, familias completas pueden ser rechazadas y terminar siendo destruidas y devastadas por el enemigo. Por eso es que es tan importante arrepentirse y aceptar la verdad de Dios cuando el Espíritu de Dios está tratando con usted. No hay necesidad de arriesgarse a ser reprobados como las personas mencionadas en Romanos 1:26–32:

> Por esto Dios los entregó a pasiones vergonzosas; pues aun sus mujeres cambiaron el uso natural por el que es contra naturaleza, y de igual modo también los hombres, dejando el uso natural de la mujer, se encendieron en su lascivia unos con otros, cometiendo hechos vergonzosos hombres con hombres, y recibiendo en sí mismos la retribución debida a su extravío. Y como ellos no aprobaron tener en cuenta a Dios, Dios los entregó a una mente reprobada, para hacer cosas que no convienen; estando atestados de toda injusticia, fornicación, perversidad, avaricia, maldad; llenos de envidia, homicidios, contiendas, engaños y malignidades; murmuradores, detractores, aborrecedores de Dios, injuriosos, soberbios, altivos, inventores de males, desobedientes a los padres, necios, desleales, sin afecto natural, implacables, sin misericordia; quienes habiendo entendido el juicio de Dios, que los que practican

tales cosas son dignos de muerte, no sólo las hacen, sino que también se complacen con los que las practican.

Hoy en día existe todo un problema sobre si los homosexuales o las lesbianas se pueden casar. El hecho es que Dios lo rechaza. Dios jamás aceptará un matrimonio entre dos hombres o dos mujeres. Es rechazado por Dios. Cuando algo es rechazado por Dios, no puede ser bendecido. Siempre viene bajo una maldición.

En nuestra sociedad actual la gente está impulsando el estilo de vida homosexual y otros estilos de vida perversos tanto que muchos de ellos han cruzado le línea. Han rechazado la Palabra de Dios. Han rechazado el plan de Dios para la familia y el matrimonio hasta el punto en que están en peligro de ser rechazados por Dios. Esta es una condición peligrosa en la cual estar.

Yo le advertiría que si es parte de una comunidad que está promoviendo un estilo de vida homosexual y usted rechaza la Biblia, el cristianismo, a Dios y su diseño para el matrimonio entre un hombre y una mujer, usted rechaza la verdad y entrará en un lugar en el que termine siendo reprobado, completamente endemoniado y destruido por el enemigo.

La palabra *reprobado* significa indigno, echado fuera, rechazado; como basura o residuos. Esta es una persona cuya misma mente ha sido rechazada por Dios.

En Romanos 1:29–31 hay una lista de demonios que vienen como resultado de haber sido entregado a una mente reprobada. Todos son nombres de espíritus malignos que vienen a la vida de los individuos que han sido rechazados por Dios: "injusticia, fornicación, perversidad, avaricia, maldad; llenos de envidia, homicidios, contiendas, engaños y malignidades; murmuradores, detractores, aborrecedores de Dios, injuriosos, soberbios, altivos, inventores de males, desobedientes a los padres, necios, desleales, sin afecto natural, implacables, sin misericordia". Si usted continúa en pecado y rechaza a Dios puede llegar a un punto en el que Dios lo rechace y usted sea entregado a un espíritu de destrucción.

Sé que muchos de ustedes probablemente no escuchan esto en las iglesias actualmente, pero la Biblia muestra que Dios rechazó a Caín, a Saúl e incluso a los hijos de Israel porque desobedecieron sus mandamientos. Los rechazó, los sacó de la tierra y los envió a Babilonia (vea Génesis 4:5; 1 Samuel 16:1; Oseas 1:10). Rechazó el sacerdocio de Elí, porque Elí no quería corregir a sus hijos (vea 1 Samuel 2:12–4:18). Fue rechazado y se le quitó el sacerdocio. Dios rechazó a Esaú y escogió a Jacob. Rechazó a Ismael y escogió a Isaac. Dios no acepta nada excepto lo que es digno que Él acepte. No acepta ningún tipo de sacrificio, ningún tipo de ofrenda ni ningún tipo de estilo de vida. Y existe un peligro real de ser rechazado.

Pero el rechazo de Dios o cualquier otro tipo de rechazo no es la voluntad de Dios para usted. Usted puede arrepentirse hoy, aceptar a Jesús y ser liberado de cualquier demonio o espíritu sin importar que sea lujuria, rechazo, odio, ira, amargura o resentimiento que podría estar operando en su vida. Dios lo ama y quiere salvarlo y liberarlo. Clame a Él y Él le responderá.

¿QUÉ ES LO QUE LO LIBERA DE UN ESPÍRITU DE RECHAZO?

La Biblia dice: "Así que, si el Hijo os libertare, seréis verdaderamente libres" (Juan 8:36). A través de Jesús hemos sido liberados de cualquier demonio, impedimento y ataque del enemigo. Su Palabra nos muestra el camino a la libertad de un espíritu de rechazo a una vida vivida bajo la revelación de que somos aceptos en el Amado. Veamos cómo podemos ser liberados por la verdad en la Palabra de Dios.

Conocimiento, luz y revelación

Un versículo en Proverbios dice: "Pero por el conocimiento los justos serán librados" (Proverbios 11:9, NBLH). El conocimiento puede literalmente liberarlo. Los demonios no quieren que usted tenga ningún conocimiento de liberación ni del plano en el que ellos operan porque son criaturas de las tinieblas: "Porque no tenemos lucha contra sangre y carne, sino contra principados, contra potestades, contra los *gobernadores de las tinieblas*" (Efesios 6:12, énfasis añadido). Satanás solamente puede gobernar donde hay tinieblas o ignorancia. Así que la luz y la revelación traídas a través del conocimiento siempre exponen y rompen el poder de los gobernadores de las tinieblas en su vida.

Hay una gran escasez de enseñanza y revelación en las iglesias locales. La gente que recibe enseñanza y revelación de liberación no solamente recibirá liberación para su propia vida, sino que también estará mejor equipada para ministrar liberación a la vida de otros. Espero darle cierto conocimiento básico en este libro que creo que lo liberará de la opresión del enemigo.

La revelación del rechazo de Cristo

Jesús fue rechazado para que usted fuera liberado del rechazo. Isaías 53:3 (NVI) nos dice que fue despreciado y rechazado por los hombres. Fue rechazado por los sumos sacerdotes y los fariseos. ¿Por qué Jesús pasó por el rechazo como uno de los aspectos importantes de su pasión? Porque el hombre necesita ser liberado del rechazo. Llevó sobre sí nuestro rechazo para que pudiera liberarnos del rechazo. El rechazo más grande vino cuando dijo: "Dios mío, Dios mío, ¿por qué me has desamparado?" (Mateo 27:46), porque en ese momento se hizo pecado, y su Padre lo rechazó. Dios siempre rechaza el pecado. Jesús se hizo pecado, pasó por rechazo, sufrió y fue golpeado, herido y lastimado con el fin de liberarnos del rechazo.

El rechazo es una fortaleza importante y un aspecto principal de la liberación y la salvación. Y ahora a causa del rechazo de Cristo, podemos ser aceptados en el Amado. Podemos ser aceptos a través de la sangre de Jesús. Podemos ser aceptado por gracia. No tenemos que ser perfeccionados a través del legalismo o de guardar leyes. Podemos ser aceptados por fe.

> Según nos escogió en él antes de la fundación del mundo, para que fuésemos santos y sin mancha delante de él, en amor habiéndonos predestinado para ser adoptados hijos suyos por medio de Jesucristo, según el puro afecto de su voluntad, para alabanza de la gloria de su gracia, con la cual *nos hizo aceptos en el Amado.*
>
> —Efesios 1:4–6, énfasis añadido

Esta es la tremenda bendición del cristianismo, y es la única religión que enseña salvación por gracia. El resto de las religiones enseñan salvación por obras: que de alguna manera hay que ganarse el favor de Dios. No, nuestra salvación es por gracia y fe. Jesús la ganó por nosotros. La recibimos por fe. Por eso es que aceptar a Cristo es el único camino a Dios. Es la única base para salvación. El resto de las religiones son falsas y tienen su raíz en el engaño y la gente está atada por el rechazo. El rechazo siempre abre la puerta a que usted realice obras para ser aceptado por Dios.

¿Qué es lo que hacen los musulmanes? Tienen que orar cinco veces al día e ir a la Meca. Tienen que hacer esto y eso, siempre haciendo algo, siempre tratando de obtener el amor de Dios. ¿Cuál es la raíz para muchos pueblos árabes que son la mayoría de los musulmanes? Ismael. Son ismaelitas. ¿De qué sufrió Ismael? De rechazo. Esa raíz de rechazo ha abierto a toda una cultura a ser engañada a pensar que pueden ganarse la entrada al cielo. Las buenas noticias son que hay liberación a través de Jesucristo.

Considere al pueblo indio: su sistema de castas está cargado de rechazo. El hinduismo se trata de estar en la casta correcta. Si usted está en la casta baja es rechazado. Se les enseña que si hacen lo bueno en esta vida, quizá puedan volver como algo mejor en la siguiente vida. Así que siempre hay una orientación al desempeño en su cultura. Trabajan por ser perfectos y se esfuerzan por ser aceptados.

Eso es lo que hace la gente rechazada: trabaja y trabaja y trabaja para que la sociedad u otros los acepten. La verdad es que solamente puede ser aceptado por gracia, fe y misericordia. Usted necesita ser liberado de cualquier espíritu que intente hacerlo obrar al nivel en que la sociedad u otras personas lo acepten. Ahora bien, eso no quiere decir que no debería hacer lo correcto para ser aceptado, sino simplemente significa que el deseo de ser aceptado no debería impulsarlo y dominar su vida. Si así lo hace, entonces es demoníaco.

Oración

La oración es el arma más poderosa en la lucha contra el rechazo. La oración lo trae a la presencia de Dios. La oración abre su espíritu para escuchar la verdad de su aceptación a través de Cristo. La oración edifica su hombre interior.

Salmos 144:1 es una oración que usted debería orar constantemente sobre su vida, de modo que pueda pelear contra la oposición que viene en contra de su vida. Dice: "Bendito sea Jehová, mi roca, quien adiestra mis manos para la batalla, y mis dedos para la guerra". Dios le dará la estrategia para ganar la victoria sobre el rechazo.

Salmos 18 es uno de los salmos más inspiradores cuando se

trata de guerra espiritual. Orar algunos de los versículos clave de este capítulo edificará su fe para ver una gran liberación en su vida. Por ejemplo, el versículo 19 dice que la liberación nos trae a un lugar amplio (NVI) o espacioso (RVR 1960). Algunas veces el enemigo nos quiere confinar, restringir y limitar. Pero a través de la guerra espiritual podemos romper las limitaciones. Podemos pedirle a Dios que nos libere de los demonios que nos bloquean y nos obstruyen para que podamos entrar a un lugar más amplio. El rechazo es uno de esos tipos de demonios que hacen que sea difícil para nosotros avanzar al siguiente nivel en nuestra vida. Pero el Señor ha hecho que sus enemigos le vuelvan la espalda para que usted los destruya en su nombre (v. 40).

Otra escritura que oramos al ministrar liberación en nuestra iglesia es 2 Samuel 19:3 porque algunas veces el enemigo trata de traer rechazo a nuestra vida a través de una acción furtiva, o cuando no estamos alerta y pasa sin ser detectado. Un bombardero furtivo no es detectado por el radar. El radar no puede encontrar un bombardero furtivo. La milicia desarrolló la tecnología furtiva para poder entrar a una región sin ser detectados y hacer daño. Así que aliento a la gente a que ore con 2 Samuel 19:3 para atar y exponer y echar fuera el demonio de rechazo que podría intentar venir a sus vidas furtivamente o sin ser detectado. Este versículo funciona en contra de cualquier espíritu demoníaco que trate de escurrirse en su vida sin ser detectado.

La unción de Dios

Salmos 18:50 dice: "Grandes triunfos da a su rey, y hace misericordia a su ungido". Si usted es salvo y ha sido bautizado en el Espíritu Santo, usted es el ungido de Dios. Usted ha sido ungido por Dios, y cuando el enemigo ataca al ungido de Dios, Dios quiere darle gran liberación. Usted puede orar: "Yo soy tu

ungido, y tú me das grandes triunfos sobre el espíritu de rechazo".
Él lo hará; Él le mostrará misericordia y le dará victoria sobre él.

Perseverancia

Perseguí a mis enemigos, y los alcancé, y no volví hasta
acabarlos.

—SALMOS 18:37

Esto es perseverancia. Esto es ser una persona perseverante en
batalla. No se detenga hasta que el espíritu se vaya, sea hechicería,
enfermedad, pobreza o rechazo. Cualquier cosa que esté atacando
su vida, no se retire hasta que sea completamente aniquilado por
el poder de Dios.

Su autoridad espiritual

Uno de los principios más importante de guerra espiritual es
que usted debe usar su autoridad contra el enemigo. Jesús dijo:
"He aquí *os* doy potestad [*potestad* es la palabra griega *exousia*, que
significa "autoridad"] de hollar serpientes y escorpiones, y sobre
toda fuerza del enemigo, y nada os dañará" (Lucas 10:19, énfasis
añadido). Ahora bien, algunas personas dicen que usted no puede
ser dañado por el enemigo, porque Jesús dice: "Os doy potestad".
Pero eso es solamente si usted *usa* la autoridad. Solo porque se le
ha dado autoridad no quiere decir que usted la use. Si usted no
ejercita su autoridad, no puede reclamar la segunda parte de ese
versículo: "y nada os dañará". Debemos ejercitar nuestra autoridad,
y una de las maneras en las que lo hacemos es a través de oración,
por medio de atar y desatar, y mediante órdenes y decretos que sol-
tamos a través de nuestras palabras. Así que es importante ejercitar
su autoridad sobre el enemigo de una manera constante.

¿Recuerda la historia de los endemoniados gadarenos en Mateo
capítulo 8? Había dos de ellos en el relato. La Biblia dice que

impedían el paso. Esos dos hombres endemoniados no permitían que nadie pasara por ese camino. Es una ilustración de cómo los demonios van a tratar de impedirle el paso. Usted necesita atar y reprender cualquier demonio que trate de impedirle el paso en el nombre de Jesús.

Salmos 91:13 dice: "Sobre el león y el áspid pisarás; hollarás al cachorro del león y al dragón". El enemigo está bajo sus pies. Eso representa autoridad y victoria totales. Haga esta su confesión y avance en victoria y en el poder de Dios.

¡El rechazo se debe ir!

Debemos poder identificar las causas de rechazo y poder venir en contra de los demonios de rechazo, temor al rechazo, autorechazo, rechazo hereditario, raíces de rechazo y los espíritus que vienen con el rechazo: herida, ira, amargura, furia, orgullo, temor, rebelión y más. Todas estas cosas pueden atormentar su vida. Jesús no quiere que usted sea atormentado. Él quiere liberarlo. Usted no está solo. Muchas personas necesitan liberación de estos demonios de rechazo y de los otros demonios que acompañan a los demonios de rechazo. Dios quiere liberarnos a todos del espíritu de rechazo para que podamos traer liberación a nuestras familias, amigos y los que están a nuestro alrededor. Jesús dijo: "El Espíritu del Señor está sobre mí, por cuanto me ha ungido para dar buenas nuevas a los pobres; me ha enviado a sanar a los quebrantados de corazón; a pregonar libertad a los cautivos" (Lucas 4:18). Nos ha impartido su responsabilidad también.

Pero usted primero debe ministrarse liberación. Jesús habló de esto cuando dijo: "Saca primero la viga de tu propio ojo, y entonces verás bien para sacar la paja del ojo de tu hermano" (Mateo 7:5). Esa palabra *saca* lleva el mismo significado cuando la Biblia habla, en otros pasajes, acerca de echar fuera demonios.

Es la palabra griega *ekballō*, que significa expulsar o echar.[2] Así que hay cosas que necesitamos sacar de nuestras propias vidas antes de que podamos ministrar exitosamente a otras personas. Hablaremos más acerca de esto en el siguiente capítulo.

ORACIONES PARA
LIBERACIÓN DEL RECHAZO

Declaro que tú me has santificado en tu Palabra; tu Palabra sobre mí es verdad (Juan 17:17).

Señor, tú eres mi luz y mi salvación. Tú eres la fortaleza de mi vida; no temeré nada ni a nadie (Salmos 27:1).

Creo y recibo lo que has dicho de mí.

Tu verdad me hace libre de un espíritu de rechazo.

Has clavado mi rechazo en la cruz. Soy hecho libre.

Fuiste despreciado y desechado. Conoces de cerca mi quebranto y mi dolor. Pero por tu llaga soy curado del rechazo (Isaías 53:3–5)

El Señor está conmigo; no temeré lo que me pueda hacer el hombre (Salmos 118:6).

Las cuerdas me cayeron en lugares deleitosos, y es hermosa la heredad que me ha tocado (Salmos 16:6).

He sido bendecido con toda bendición espiritual en los lugares celestiales en Cristo (Efesios 1:3).

Fui escogido por Dios desde antes de la fundación del mundo (Efesios 1:4).

Soy santo y sin mancha (Efesios 1:4).

He sido adoptado tu hijo según el puro afecto de tu voluntad (Efesios 1:5).

Soy acepto en el Amado (Efesios 1:6).

Soy redimido por la sangre de Jesús (Efesios 1:7).

Soy un heredero (Efesios 1:11).

Estoy sentado en lugares celestiales con Cristo Jesús (Efesios 2:6).

Soy hechura del Señor, creado en Cristo Jesús para buenas obras (Efesios 2:10).

Soy conciudadano de los santos, y miembro de la familia de Dios (Efesios 2:19).

Me ha dado preciosas y grandísimas promesas, para que por ellas llegara a ser participante de la naturaleza divina (2 Pedro 1:4).

Soy fortalecido con poder en el hombre interior por el Espíritu de Dios (Efesios 3:16).

Estoy arraigado y cimentado en amor (Efesios 3:17).

Soy renovado en el espíritu de mi mente (Efesios 4:23).

Ando en amor (Efesios 5:2).

Soy lleno del Espíritu de Dios (Efesios 5:18).

Soy más que vencedor (Romanos 8:37).

Soy un vencedor por la sangre del Cordero (Apocalipsis 12:11).

Soy la justicia de Dios en Cristo Jesús (2 Corintios 5:21).

Soy sano (1 Pedro 2:24).

El Hijo me ha hecho libre (Juan 8:36).

Soy nacido de Dios, por lo tanto soy victorioso (1 Juan 5:4).

CAPÍTULO 4
"LIBÉRATE": AUTOLIBERACIÓN

¡Sacúdete el polvo, Jerusalén! ¡Levántate, vuelve al trono!
¡Libérate de las cadenas de tu cuello, cautiva hija de Sión!

—ISAÍAS 52:2, NVI, ÉNFASIS AÑADIDO

STA ES UNA palabra profética a la iglesia que dice: "¡Libérate!". Este es un versículo poderoso que se relaciona con la autoliberación. Se nos ha dado el poder y la autoridad de liberarnos de todo tipo de cadenas.

Los sinónimos para la palabra *liberar* incluyen: desunir, separar, partir, cortar, descoyuntar, desconectar, despegar, quitar de su montura, desatar, desencadenar, abrir grilletes, soltar, liberar, dejar ir, romper, romper en pedazos, aplastar, desmenuzar, hacer añicos, demoler, dividir, abrir por la fuerza. También significa perdonar o indulto.

"Sion" es una palabra profética y es símbolo de la iglesia. Isaías profetizó que Sion sería una "hija cautiva". Esto es tan cierto de la condición de la iglesia hoy. Aunque muchos son salvos y han recibido la promesa del Espíritu, todavía hay muchas ataduras que permanecen en la vida de los creyentes.

AUTOLIBERACIÓN

A menudo me preguntan: "¿Puede una persona liberarse a sí misma de demonios?". Mi respuesta es: sí. También es mi convicción que una persona no puede mantenerse libre de demonios hasta que esté caminando en este dominio de liberación.

¿Cómo es que esa persona puede liberarse? Como creyente (y esa es nuestra suposición), una persona tiene la misma autoridad que el creyente que le está ministrando liberación a otro.

Tiene la autoridad en el nombre de Jesús, y Jesús llanamente les prometió a los que creen: "En mi nombre echarán fuera demonios" (Marcos 16:17).

Usualmente lo único que necesita la persona es aprender cómo llevar a cabo una autoliberación. Después de que una persona ha experimentado una liberación inicial a manos de un ministro experimentado, puede comenzar a practicar la autoliberación.[1] Las buenas noticias son que se nos ha dado la promesa profética y el mandamiento de liberarnos. Jesús le dijo a sus discípulos que "todo" lo que desatemos en la Tierra es desatado en el cielo (Mateo 18:18).

En las páginas siguientes examinaremos el "todo". En otras palabras, lo que sea que esté atando, acosando u operando en su vida, que sea contrario a la voluntad de Dios, puede ser removido de su vida porque a usted se le ha dado la autoridad de hacerlo.

El rango de lo que un creyente puede atar es casi ilimitado. Hay muchas ataduras que podemos categorizar y que necesitan ser expuestas y rotas en las vidas de todos los creyentes. Una vez que identifica al enemigo, usted luego puede proceder a soltarse de sus garras.

LIBÉRESE DEL PASADO

He ministrado a muchos creyentes que todavía están atados y encadenados a su pasado. El pasado puede ser una cadena que evite que usted disfrute el presente y que sea exitoso en el futuro.

Al estarle ministrando liberación a un joven, encontré un fuerte espíritu morando en el que se jactaba de que no se iría. Le ordené al espíritu que se identificara, y respondió que su nombre era Pasado.

El espíritu procedió a explicar que su trabajo era mantener al joven atado a su pasado para que no pudiera tener éxito en su caminar cristiano. El joven se había divorciado y su pasado continuaba persiguiéndolo.

Este encuentro ayudó para darme una revelación del hecho de que hay numerosos espíritus asignados a la gente para mantenerlos atados al pasado que ha dejado cicatrices y heridas que no han sanado completamente. Muchas de estas heridas se han infectado y se han convertido en moradas de espíritus inmundos.

La gente necesita no solamente ser liberada de demonios, sino también de otras personas. Los lazos impíos del alma son avenidas que los espíritus de control y manipulación utilizan al trabajar sobre sus víctimas incautas.

Consideremos algunas de las cosas que podrían hacer que los espíritus se adhieran a personas que han tenido experiencias traumáticas en su pasado. Con el fin de tener claridad, encontramos que la palabra *trauma* es definida por Webster como: "una psique desordenada o un estado de comportamiento resultado de estrés mental o emocional severo, o lesión física".[2]

Las experiencias traumáticas pueden abrirle la puerta a los demonios. Estas pueden incluir accidentes y a menudo los incluyen. Abajo se mencionan dos experiencias traumáticas que afectaron grandemente la vida de los individuos.

1. Violación

> Violaron a las mujeres en Sion, a las vírgenes en las ciudades de Judá.
>
> —LAMENTACIONES 5:11

La violación es una de las experiencias más traumáticas que una persona pueda tener. Es una transgresión que deja cicatrices profundas en la psique de la persona que es hecha víctima de este acto impío. La puerta es abierta para que una hueste de espíritus malignos entren y operen a lo largo de la vida de la víctima.

Espíritus de herida, desconfianza, lujuria, perversión, ira, odio, furia, amargura, vergüenza, culpa y temor pueden entrar y atormentar a la persona por el resto de su vida si no son discernidos y echados fuera. La violación también puede ser una maldición, y a menudo hay un historial de este pecado en el linaje.

La violación siempre ha estado en la historia de la gente oprimida. Era (y es) común que los vencedores violaran a las mujeres de los conquistados. Es uno de los actos más vergonzosos y humillantes que pueden ser perpetrados sobre un pueblo oprimido.

A menudo las víctimas de violación llevan bloqueos sexuales al matrimonio, incluyendo espíritus de frigidez, emociones atadas y bloqueadas, odio a los hombres y temor a tener relaciones sexuales. Los individuos pueden crecer con profundas raíces de amargura que envenenan el sistema, abriendo la puerta a espíritus de enfermedad y debilidad, incluyendo cáncer.

> *Padre, en el nombre de Jesús me liberó de este demonio acechador que busca robar, matar y destruir mi cuerpo, mi sexualidad y mi dignidad. Me libero de todo odio, amargura y rencor. Me libero de culparme por esta violación. Me libero de todo lazo del alma, espíritus de enfermedad u otros espíritus malignos que quisieran buscar adherirse a mi vida a causa de este trauma. Me libero de toda atadura que esté evitando que experimente una intimidad marital saludable y libre. Amén.*

2. Incesto

Otra transgresión sexual común es el pecado de incesto. El incesto también puede provenir de una maldición y puede haber un historial de este pecado en el linaje. Es un acto que genera mucha vergüenza y culpa. Abre la puerta a todo tipo de maldiciones, incluyendo demencia, muerte, destrucción, confusión, perversión y enfermedad. A menudo la víctima se culpa a sí misma por este acto aunque haya sido el resultado de un espíritu seductor.

> *Padre, en el nombre de Jesús, me libero de la vergüenza, la culpa, los lazos del alma, así como de cualquier espíritu obstaculizador que pudiera tratar de evitar que viva una vida íntegra y saludable. Me libero de los dolorosos recuerdos de este abuso y declaro que soy lavado por completo, por dentro y por fuera. Me libero de todo espíritu demoníaco que pudiera buscar entrar a través de esta puerta abierta, y cierro esta puerta a mi pasado y te pido un vallado de protección alrededor de mi futuro. Amén.*

LIBÉRESE DE LAZOS DEL ALMA IMPÍOS

Maldito su furor, que fue fiero; y su ira, que fue dura. Yo los apartaré en Jacob, y los esparciré en Israel.

—GÉNESIS 49:7

El Señor apartó a Simeón y a Leví porque ejercieron una mala influencia entre sí. Un lazo del alma es un vínculo entre dos individuos; las almas (mentes, voluntades, emociones) de individuos que son enlazadas o unidas. Los lazos del alma impíos se pueden formar a través de fornicación (Génesis 34:2-3) y hechicería (Gálatas 3:1; 4:17).

Como mencioné antes, la gente necesita no solamente ser liberada de demonios, sino también de otras personas. Los lazos del alma impíos son avenidas a través de las que operan espíritus de control, dominación, hechicería y manipulación. Si usted se enlazó con la gente incorrecta usted estará en atadura, a menudo sin saberlo.

Nunca es la voluntad de Dios que un individuo controle a otro. La verdadera libertad es ser liberado de cualquier poder controlador que le estorbe para cumplir la voluntad de Dios. A menudo los que están bajo control no están al tanto de estar siendo controlados. Por eso es que muchas veces el control es tan difícil de romper.

Un lazo del alma impío dará como resultado la presencia de una influencia maligna en su vida. Mientras que los buenos lazos del alma lo ayudan a caminar con Dios, los lazos impíos del alma entorpecen su caminar con el Señor.

Los lazos del alma impíos en la Biblia incluyen a: 1) Acab y Jezabel (1 Reyes 18); 2) Salomón y sus esposas que desviaron su corazón del Señor (1 Reyes 11:1–4). Leví y Simeón (Génesis 49:5–7).

Padre, en el nombre de Jesús, me libero de todas las relaciones que no han sido ordenadas por Dios, todas las relaciones que no son del Espíritu, sino de la carne, todas las relaciones basadas en control, dominio o manipulación, y todas las relaciones basadas en lujuria y engaño. Amén.

LIBERE SU MEMORIA

Olvidando ciertamente lo que queda atrás...
—FILIPENSES 3:13

Hay un espíritu maligno llamado rememoración o analepsis que puede hacer que una persona rememore experiencias pasadas. Esto mantiene a la persona atada a las experiencias traumáticas del pasado. Este espíritu provoca que una persona recuerde experiencias de herida, dolor y rechazo. Aunque quizá haya experiencias en su vida que nunca va a olvidar completamente, no debería estar atado al pasado a través de su memoria.

El enemigo no debería poder disparar cosas en su memoria que lo obstaculicen en su vida presente o futura. Por eso es que su memoria necesita ser liberada de malas experiencias de herida y trauma.

> *Padre, en el nombre de Jesús, me libero de los efectos de todos los malos recuerdos, recuerdos dolorosos y recuerdos del pasado que me impiden avanzar en el presente o en el futuro. Amén.*

LIBÉRESE DE FALTA DE PERDÓN Y AMARGURA

El resentimiento le abre la puerta a los espíritus atormentadores (Mateo 18). La amargura le abre la puerta a espíritus de enfermedad, incluyendo artritis y cáncer. Es simbolizada por la hiel y el ajenjo. El rencor es el resultado de haber sido herido, rechazado, abandonado, decepcionado, maltratado, violado, sufrido abuso, que se hayan aprovechado de usted, acusado falsamente, engañado, criticado, etc.

> *Padre, en el nombre de Jesús, me libero de toda amargura, falta de perdón, rencor y resentimiento. Le entrego a Dios todos los que me han ofendido o lastimado en alguna manera. Me libero de todos los espíritus de enfermedad como resultado de mi amargura. Cierro esa puerta, en el nombre de Jesús. Amén.*

LIBERE SUS EMOCIONES

¿Es usted libre en sus emociones? Las emociones son parte del alma junto con la voluntad y la mente. Hay muchas personas atadas y bloqueadas en sus emociones. Los espíritus de herida, rechazo, ira, quebranto de corazón, duelo, tristeza, odio, amargura y furor pueden ocupar las emociones generando dolor emocional.

Sus emociones fueron creadas por Dios para expresar gozo y pesar. Ambas deben ser respuestas naturales a diferentes situaciones. No obstante, el enemigo entra para generar extremos en el plano emocional e incluso bloqueo de modo que una persona sea incapaz de expresar las emociones correctas.

Como resultado de experiencias traumáticas del pasado incluyendo violación, incesto, maltrato, muerte de un ser querido, guerra, tragedias, rechazo, abandono, accidentes, etc., puede venir dolor emocional y ataduras.

> *En el nombre del Señor Jesucristo, por la autoridad que se me ha dado para atar y desatar, libero mis emociones de cualquier espíritu maligno que haya venido como resultado de experiencias del pasado. Me libero de toda herida, herida profunda, dolor, tristeza, duelo, enojo, odio, ira, furor, amargura, temor, emociones atadas y emociones bloqueadas. Les ordeno a estos espíritus que salgan fuera, y declaro libertad en mis emociones en el nombre del Señor Jesucristo. Amén.*

LIBÉRESE DE ATADURAS OCULTAS

La palabra *oculto* significa escondido. Participar en lo oculto le abre la puerta a muchos demonios, incluyendo espíritus de depresión, suicidio, muerte, destrucción, enfermedad, enfermedad mental, adicción, lujuria, etc. Las prácticas ocultas incluyen:

- Tabla ouija
- Horóscopos
- Lectura de mano
- Lectura de hojas de té

- Lectores y asesores psíquicos
- Drogas (de la palabra griega *pharmakeia: brujería*)
- Magia negra
- Magia blanca
- Percepción extrasensorial

Padre, en el nombre de Jesús, me libero de toda participación en lo oculto, toda hechicería, adivinación, brujería, herencia psíquica, rebelión, toda confusión, enfermedad, muerte y destrucción como resultado de participar en lo oculto. Amén.

LIBERE SU MENTE

Porque cual es su pensamiento en su corazón, tal es él.
—PROVERBIOS 23:7

Usted es como piensa. La mente siempre ha sido un objetivo preferido del enemigo. Si el diablo puede controlar su mente, puede controlar su vida. Los espíritus que atacan la mente incluyen control mental, confusión, colapso mental, ataduras mentales y espíritus que atan la mente, demencia, locura, manías, fantasías, malos pensamientos, migrañas, dolor mental y pensamientos negativos. Todo lo que llamo "pensamientos apestosos".

Las buenas noticias son que puede liberarse (incluyendo su mente) de toda influencia maligna que opera a través de su mente.

El control mental es un espíritu común que ha sido identificado por el nombre de Pulpo. Los espíritus de control mental pueden asemejarse a un pulpo o calamar con tentáculos que sujetan y controlan la mente. La liberación del control mental libera a una persona de la presión mental, el dolor mental, la confusión y el tormento mental. Los espíritus de control mental pueden entrar a través de escuchar música impía, leer libros de ocultismo, pornografía, enseñanzas falsas, religiones falsas, drogas y pasividad.

> *En el nombre de Jesús, libero mi mente de todos los espíritus de control, confusión, cautiverio mental, demencia, locura, fantasía, pasividad, intelectualismo, bloqueo de conocimiento, ignorancia, atadura mental, lujuria y malos pensamientos. Amén.*

LIBERE SU VOLUNTAD

No se haga mi voluntad, sino la tuya.

—LUCAS 22:42

Uno de los mayores regalos dados al hombre es el del *libre albedrío*. La libertad de escoger y decidir es dada a todos. El Señor no nos fuerza a obedecerlo. Él nos da la opción de humillarnos y someternos a su voluntad.

El diablo, por otro lado, intenta dominar y controlar nuestra voluntad para sus propósitos malignos. Cuando usted se encuentra incapaz de someter su voluntad a la voluntad de Dios es porque su voluntad está siendo controlada por los poderes de las tinieblas.

Su voluntad necesita ser *liberada* para seguir la voluntad del Señor. Los espíritus que invaden y controlan la voluntad incluyen necedad, obstinación, falta de sumisión, rebelión, orgullo, desobediencia, lujuria y brujería.

> *Padre, en el nombre de Jesús, libero mi voluntad de todo control, dominio y manipulación de Satanás, sus demonios u otras personas. Libero mi voluntad de todos los espíritus de lujuria, rebelión, necedad, orgullo, obstinación, egoísmo y antisumisión que han bloqueado y estorbado mi voluntad. Me libero de*

*todas las cadenas alrededor de mi voluntad y someto
mi voluntad a la voluntad de Dios. Amén.*

LIBERE SU SEXUALIDAD

Huid de la fornicación.

—1 CORINTIOS 6:18

La lujuria es un espíritu que se ha generalizado en nuestros días
y en nuestra época. La perversión sexual incluye incesto, homosexualidad, masturbación, pornografía, fornicación y adulterio.

El deseo sexual es uno de los apetitos más fuertes del cuerpo
humano. Satanás desea controlar y pervertirlo fuera de la relación matrimonial dentro de la cual es bendito. Muchos creyentes
batallan en esta área con los espíritus acompañantes de culpa y
condenación.

Los espíritus de lujuria y perversión pueden operar en cualquier
parte del cuerpo físico, incluyendo los genitales, las manos, los ojos,
la boca, el estómago y demás. Cualquier parte del cuerpo dada al
pecado sexual será invadida y controlada por espíritus de lujuria
(un ejemplo podrían ser los ojos al ver pornografía, las manos en
los actos de masturbación o la lengua en conversaciones sucias).

*En el nombre de Jesús, libero todos los miembros de
mi cuerpo incluyendo mi mente, memoria, ojos, oídos,
lengua, manos, pies y toda mi sexualidad, de toda lujuria, perversión, impureza sexual, suciedad, lascivia,
promiscuidad, pornografía, fornicación, homosexualidad, fantasía, inmundicia, pasión ardiente e im-
pulso sexual incontrolable. Amén.*

Libérese de herencias malignas

Las debilidades y las tendencias pueden ser heredadas de los pecados de los padres. Por ejemplo, una persona nacida de padres alcohólicos tendrá una mayor probabilidad de llegar a ser alcohólica. Hay enfermedades y padecimientos que pueden correr en el linaje, que es la razón por la que los doctores a menudo revisan para ver si hay un historial de ciertas enfermedades en la familia. Algunas de estas herencias malignas incluyen lujuria, perversión, hechicería, orgullo, rebelión, divorcio, alcohol, odio, amargura, idolatría, pobreza, ignorancia y enfermedades (incluyendo enfermedades cardiacas, cáncer, diabetes e hipertensión).

Los espíritus familiares son demonios familiarizados con una persona y su familia ya que a menudo han estado en la familia por generaciones. Algunas veces estos espíritus son difíciles de romper por lo profundo que sus raíces corren en la línea familiar. Voy a hablar más acerca de cómo romper con los demonios generacionales en el capítulo sobre demonios tercos.

> *En el nombre de Jesús, me libero de toda herencia maligna incluyendo debilidades, actitudes, patrones de pensamientos, enfermedades, hechicería, lujuria, rebelión, pobreza, estilos de vida impíos y contienda heredados. Amén.*

Libérese del temor

Temor al rechazo (trabaja con el rechazo y el autorechazo), temor a ser herido, temor a la autoridad (incluyendo a los pastores), temor a la hechicería, temor de la carrera profesional, temor de morir, temor de fracasar, temor al futuro, temor a la responsabilidad, temor a la oscuridad, temor a estar solo, temor de lo que la gente piense de usted, temor de lo que la gente diga de usted, temor del infierno, temor de los demonios y la liberación, temor a la pobreza, terror, espanto, temor repentino, aprensión.

En el nombre de Jesús, me libero de todos los temores incluyendo temores de la infancia, temores por trauma, temores del pasado y todos los temores heredados. Amén.

LIBÉRESE DEL RECHAZO

El rechazo evita que uno dé o reciba amor de Dios o de otras personas. También hay un espíritu llamado *rechazo del vientre* que entra en el vientre porque el bebé no era deseado.

El autorrechazo y el temor al rechazo son otros espíritus relacionados. El rechazo también es un portero. Este espíritu le abre la puerta a otros espíritus para que entren, incluyendo temor, herida, resentimiento y amargura. Se asocia con la rebelión provocando esquizofrenia.

Casi todos hemos experimentado rechazo en un momento u otro en la vida. La gente puede ser rechazada por su género, color de piel, estatus económico, tamaño, forma, etcétera. El rechazo es una fortaleza importante en la vida de muchos.

En el nombre de Jesús, me libero del espíritu de rechazo. Soy acepto en el Amado. Soy el escogido de Dios en Cristo Jesús. Me libero del autorechazo y del autosabotaje. Me libero del temor al hombre y de agradar a la gente. Busco solamente agradar a Dios. Me libero para recibir amor de Dios y de otros sin temor. Le cierro la puerta al rechazo, el temor, la herida, el resentimiento, la amargura y la rebelión. En el nombre de Jesús, Amén.

Libere su conciencia

Ser *liberado* significa ser perdonado y librado de toda culpa. Usted ha sido perdonado por el Padre a través de la sangre de Jesús. Usted es liberado de culpa, vergüenza y condenación. También debe ser liberado de la ley (legalismo).

La ley trae condenación y juicio, pero Jesús trae perdón y reconciliación. Liberamos nuestra conciencia al aplicar *la sangre de Jesús,* por fe. Satanás utiliza la culpa y la condenación para golpear a los creyentes. Los creyentes que no entienden la gracia están batallando en su vida cristiana, sin jamás poder cumplir con estándares religiosos que se les han impuesto a través del legalismo. Ser libre en su conciencia es tener paz en su mente. La paz de Dios gobierna en su corazón.

En el nombre de Jesús, me libero de toda culpa, vergüenza, condenación, autocondenación y legalismo. Amén.

Oraciones de autoliberación

Rompo todas las maldiciones generacionales de orgullo, rebelión, lujuria, pobreza, hechicería, idolatría, muerte, destrucción, fracaso, enfermedad, debilidad, temor, esquizofrenia y rechazo en el nombre de Jesús.

Ordeno que todos los espíritus generacionales y hereditarios operando en mi vida a través de maldiciones sean atados y echados fuera en el nombre de Jesús.

Ordeno que todos los espíritus de lujuria, perversión, adulterio, fornicación, inmundicia e inmoralidad salgan de mi ser sexual en el nombre de Jesús.

Ordeno que todos los espíritus de herida, rechazo, temor, enojo, ira, tristeza, depresión, desánimo, duelo, amargura y resentimiento salgan de mis emociones en el nombre de Jesús.

Les ordeno a todos los espíritus de confusión, olvido, control mental, enfermedad mental, doble mente, fantasía, dolor, orgullo, analepsis y recuerdos recurrentes salgan de mi mente en el nombre de Jesús.

Rompo todas las maldiciones de esquizofrenia y le ordeno a todos los espíritus de doble mente, rechazo, rebelión y raíz de amargura que salgan fuera en el nombre de Jesús.

Les ordeno a todos los espíritus de culpa, vergüenza y condenación que salgan de mi conciencia en el nombre de Jesús.

Les ordeno a todos los espíritus de orgullo, necedad, desobediencia, rebelión, terquedad, obstinación, egoísmo y arrogancia que salgan de mi voluntad en el nombre de Jesús.

Les ordeno a todos los espíritus de adicción que salgan de mi apetito en el nombre de Jesús.

Les ordeno a todos los espíritus de brujería, hechicería, adivinación y de lo oculto que salgan en el nombre de Jesús.

Les ordeno a todos los espíritus que están operando en mi cabeza, ojos, boca, lengua y garganta que salgan fuera en el nombre de Jesús.

Les ordeno a todos los espíritus que operan en mi pecho y pulmones que salgan fuera en el nombre de Jesús.

Les ordeno a todos los espíritus que están operando en mi espalda y mi espina dorsal que salgan fuera en el nombre de Jesús.

Les ordeno a todos los espíritus que operan en mi estómago, ombligo y abdomen que salgan fuera en el nombre de Jesús.

Les ordeno a todos los espíritus que operan en mi corazón, bazo, riñones, hígado y páncreas que salgan fuera en el nombre de Jesús.

Les ordeno a todos los espíritus que operan en mis órganos sexuales que salgan fuera en el nombre de Jesús.

Les ordeno a todos los espíritus que operan en mis manos, brazos, piernas y pies que salgan fuera en el nombre de Jesús.

Les ordeno a todos los demonios que operan en mi sistema óseo, incluyendo mis huesos, coyunturas, rodillas y codos que salgan fuera en el nombre de Jesús.

Les ordeno a todos los espíritus que operan en mis glándulas y sistema endocrino que salgan fuera en el nombre de Jesús.

Les ordeno a todos los espíritus que operan en mi sangre y sistemas circulatorios que salgan fuera en el nombre de Jesús.

Les ordeno a todos los espíritus que operan en mis músculos y sistema muscular que salgan fuera en el nombre de Jesús.

Les ordeno a todos los espíritus religiosos de duda, incredulidad, error, herejía y tradición que vinieron a través de la religión que salgan fuera en el nombre de Jesús.

Les ordeno a todos los espíritus de mi pasado que están obstaculizando mi presente y futuro que salgan fuera en el nombre de Jesús.

Les ordeno a todos los espíritus ancestrales que entraron a través de mis ancestros que salgan fuera en el nombre de Jesús.

Les ordeno a todos los espíritus ocultos escondidos en cualquier parte de mi vida que salgan fuera en el nombre de Jesús.

ORACIONES PARA ATAR Y DESATAR

Tengo las llaves del Reino, y lo que ate en la Tierra es atado en el cielo, y lo que desate en la Tierra es desatado en el cielo (Mateo 16:19).

Ato a sus reyes con cadenas, y a sus nobles con grillos de hierro (Salmos 149:8).

Ato al hombre fuerte y saqueo sus bienes (Mateo 12:29).

Ato al leviatán y a todos los espíritus orgullosos dispuestos en contra de mi vida (Job 41:5).

Ato a los principados, a las potestades, a los gobernadores de las tinieblas de este siglo y a las huestes espirituales de maldad en las regiones celestes (Efesios 6:12).

Ato toda enfermedad y padecimiento liberado contra mi mente o mi cuerpo.

Que los desterrados sean liberados (Isaías 51:14, NBLH).

Que los cautivos sean liberados (Salmos 146:7).

Que sean soltados los sentenciados a muerte (Salmos 102:20).

Suelto las ataduras de mi cuello (Isaías 52:2).

Me suelto las ligaduras de impiedad (Isaías 58:6).

Me desato de las ligaduras de Orión (Job 38:31).

Rompo mis prisiones (Salmos 116:16).

Libero mi mente, voluntad y emociones de toda asignación, asignación y espíritu de las tinieblas en el nombre de Jesús.

Libero mi ciudad y mi región de toda asignación y asignación del infierno.

Libero mis finanzas de todo espíritu de pobreza, deuda y escasez.

Me libero de todas las maldiciones generacionales y espíritus hereditarios (Gálatas 3:13).

Me libero de toda asignación y asignación a la hechicería, brujería y adivinación.

Me libero de toda maldición pronunciada y palabra negativa hablada en contra de mi vida.

Libero mis manos de iniquidad.

Libero mis pies de hacer maldad.

Libero mi cuello y mi hombro de todos los yugos y cargas pesadas.

Libero mis ojos de ver mal.

Libero mi lengua de hablar perversidad.

Libero mis oídos de escuchar mal.

Libero mi mente de pensar mal.

Libero mi voluntad de obstinación y rebelión.

Libero mis emociones de heridas y lesiones.

Libero mi sexualidad de lujuria y perversión.

Libero mi cuerpo físico de enfermedad y padecimientos.

Libero mi memoria de experiencias traumáticas del pasado.

Libero mi apetito de adicción.

Libero mi corazón de toda dureza, incredulidad, duda y temor.

Libero mis muñecas y tobillos de todas las cadenas y grilletes.

Libero mi conciencia de toda culpa y condenación, legalismo y atadura religiosa.

CAPÍTULO 5
DESTRUYA DEMONIOS TERCOS O FORTALEZAS RESISTENTES

Jesús les dijo: Por vuestra poca fe; porque de cierto os digo, que si tuviereis fe como un grano de mostaza, diréis a este monte: Pásate de aquí allá, y se pasará; y nada os será imposible. Pero este género no sale sino con oración y ayuno.

—MATEO 17:20−21

DIOS QUIERE ROMPER y destruir algunas cosas tenaces y resistentes en su vida. La liberación de todos sus enemigos es un beneficio de caminar en pacto con Dios. Él quiere liberarlo de todas las artimañas del diablo, incluso de las que usted piensa que nunca será libre. Estoy hablando acerca de problemas tercos que no parecen moverse o romperse sin importar cuanto ore y haga guerra. Cosas que simplemente parecen no ceder. Muchas personas se han frustrado y desanimado porque simplemente los agota. Pero Dios tiene un plan para su liberación, una vía de escape de las estratagemas y trampas del enemigo. El Señor dice:

> ...En tiempo aceptable te he oído, y en día de salvación te he socorrido. He aquí ahora el tiempo aceptable; he aquí *ahora el día de salvación.*
>
> —2 CORINTIOS 6:2, ÉNFASIS AÑADIDO

No temáis; estad firmes, y ved la salvación que Jehová hará hoy con vosotros.

> —ÉXODO 14:13

"Este género"

Hay diferentes tipos de demonios. Algunos demonios son muy fáciles de echar fuera de su vida. Algunos demonios siempre presentan resistencia. Se requiere muchas más fuerza y unción para romper su poder. En Mateo 17 está la historia de un hombre que trajo a su hijo con los discípulos de Jesús y ellos no pudieron curarlo.

> Y reprendió Jesús al demonio, el cual salió del muchacho, y éste quedó sano desde aquella hora. Viniendo entonces los discípulos a Jesús, aparte, dijeron: ¿Por qué nosotros no pudimos echarlo fuera? Jesús les dijo: Por vuestra poca fe; porque de cierto os digo, que si tuviereis fe como un grano de mostaza, diréis a este monte: Pásate de aquí allá, y se pasará; y nada os será imposible. Pero este género no sale sino con oración y ayuno.
> —MATEO 17:18–21

La Escritura dice "este género". Esto significa que hay diferentes tipos de demonios. Algunos demonios son más fuertes que otros. Algunos demonios son más tercos y desafiantes que otros. Hay muchas razones por las que un espíritu puede ofrecer resistencia en la vida de una persona.

Algunas veces, estas cosas pueden estar enraizadas tan profundamente, fuertes y resistentes, porque no solamente han estado en su vida, sino que han estado en la vida de su familia por generaciones. Algunas veces un demonio en la vida de una persona es como una planta que tiene un sistema complejo de raíces. Entre más profundo vayan las raíces en la tierra, es más difícil arrancar la planta. Y algunas veces la gente ha tenido espíritus en su vida por tantos años hasta que desarrollan fuertes sistemas de raíces. Al tratar de sacarlas, no salen solamente por tirar de ellas. Se necesita llegar al sistema de raíces, cortarlas y luego sacarlas.

Si a usted le gusta la jardinería o ha trabajado en su jardín, entonces sabe que no todas las hierbas son iguales. Usted puede encontrarse una hierba y tirar y tirar de ella y esa cosa no se inmuta. Esto es porque ha estado allí mucho tiempo y sus raíces están en lo profundo de la tierra.

Cuando digo "tercos", no me estoy refiriendo a la obstinación, que es un demonio por sí mismo. Me estoy refiriendo a un espíritu que es sumamente difícil de remover. Jesús nos da la clave, que es la oración y el ayuno. Si usted está teniendo cualquiera de estos problemas en su vida, creo que la oración y el ayuno son el camino para romper su poder y echarlos fuera de su vida. No hay otro modo de hacerlo.

Estos son algunos de los espíritus con los que me he encontrado que se pueden clasificar como tercos.

Espíritu religioso

Uno de los demonios más tercos que he visto es un espíritu religioso: un espíritu que hace que la gente rechace el cambio y el crecimiento. Los lleva a obstinadamente aferrarse a enseñanzas que no son de Dios. Es difícil enseñarle a gente que ha sido enseñada de cierta manera toda su vida. El espíritu religioso hace que esa gente sean de las personas más tercas que jamás encontrará. Una de las cosas con las que debe ser enfrentado un espíritu religioso es que a medida que crecemos en Dios, nuestra revelación de Dios crece. Todos tenemos que cambiar. No podemos obstinadamente aferrarnos a una enseñanza que es contraria a la Escritura. Debemos ser lo suficientemente humildes para admitir que no lo sabemos todo. Todos estamos creciendo y aprendiendo. Todos nosotros tenemos que cambiar.

Hay muchas cosas de las que podría hablar que he tenido que cambiar en mi vida en los últimos años de ministerio. Y hay cosas que he tenido que enfrentar que incluso he predicado, que sonaban bien, pero que no eran realmente ciertas; y tuve que cambiarlas porque Dios me dio mayor luz y entendimiento. Los espíritus religiosos pueden ser muy tercos.

Lujuria

La lujuria es un espíritu con fuertes raíces porque está arraigado en la carne. Entre más tiempo una persona haya estado en un estilo de vida—homosexualidad, adulterio, masturbación— más difícil es. Esa cosa obstinadamente se colgará de su carne. Algunas veces ayunar es la manera de debilitar el sistema de raíces porque cuando uno ayuna está tratando con la carne. Usted está sometiendo su carne. Por eso es que los demonios odian ayunar. Ellos no quieren que usted ayune. Pero si usted verdaderamente quiere ser libre, le recomiendo que ayune.

Adicciones

Este espíritu también está profundamente enraizado en la carne. He tratado con personas que simplemente no podían dejar de fumar. Es difícil para ellos ser liberados del simple hábito de fumar. Hacen todo para romperlo. Oran. Vienen a liberación. Simplemente no lo pueden romper. Es un espíritu terco. Algunas veces se frustran, y el enemigo los condena y les dice: "No eres fuerte". Pero algunas veces uno tiene que ayunar cuando está tratando de liberarse de un espíritu de adicción porque está bien arraigado en la carne.

Todas las adicciones operan en maneras similares: las drogas, el alcohol, el exceso de comida, desórdenes alimenticios, adicciones a los alimentos. Deben ser rotos a través de ayuno y oración.

Amargura

La amargura a menudo es el resultado del rechazo y la herida. Las personas se vuelven enojadas y amargadas cuando fallan en perdonar y soltar a las personas que las hirieron y ofendieron. Todos han experimentado cierto tipo de dolor en su vida, pero muchos no lo resuelven, y, por lo tanto, terminan amargándose. La amargura es un espíritu profundamente arraigado. Entra a lo profundo de las emociones de la persona y es difícil de desalojar porque la persona "siente" enojo y otras emociones profundas que son muy reales para ella. Este demonio se arraiga profundamente en la carne. Esta es la razón por la que la raíz de amargura necesita ser rota a través del ayuno, que hambrea la carne. La amargura es sumamente común, y multitudes necesitan ser liberados de ella.

Ira

La ira puede ser un demonio terco. Algunas personas simplemente no parecen vencer el enojo. Explotan, pero se sienten bastante culpables.

Pobreza: escasez, deuda, luchas financieras.

Hay creyentes que dan y que le creen a Dios, pero que se sienten muy mal porque al parecer no pueden obtener un avance financiero, no pueden obtener empleo u oportunidades para su negocio, no pueden vencer y se deprimen. Comienzan a sentir como si no tuvieran suficiente fe, que probablemente no le creen lo suficiente a Dios o que posiblemente no sean salvos como alguien más, que quizá no estén cerca de Dios, que podría ser que Dios no los quiere, y que al parecer Dios no los favorece como favorece a otros. Bueno, podría ser un terco espíritu de pobreza que ha estado en su familia por generaciones; una maldición o un espíritu generacional que no quiere ceder. Pero creo que con Dios nada es imposible. Quizá sea momento de ayunar y orar hasta que venga el avance. Cuando usted enfrenta un demonio terco no puede darse por vencido.

ENFRENTE A GOLIAT

Cuando enfrentamos demonios y fortalezas resistentes, es como si estuviéramos enfrentando Goliats. Todo Israel era intimidado por Goliat porque era un gigante. Durante cuarenta días y cuarenta noches desafió a que alguien viniera a pelear con él. Nadie aceptó el desafío hasta que David apareció. David dijo: "¿Quién es este filisteo incircunciso, para que provoque a los escuadrones del Dios viviente? ¡Yo iré a pelear en su contra!" (vea 1 Samuel 17:26). David era un guerrero. Yo oro porque que el espíritu de David venga sobre usted en esta hora. Cada vez que Goliat se levante y lo desafíe, le pido a Dios que usted diga: "Dios no me ha dado espíritu de temor, sino de poder, de amor y de dominio propio". Como hizo David, que usted no solamente mate al enemigo, ¡sino que también le corte la cabeza!

Piense en las armas de David. Trató de usar la armadura del rey Saúl, pero era demasiado grande y pesada. Fue a la batalla con su propia honda. ¿Una honda? ¿En contra de un gigante? Algunas veces las armas que Dios nos da para pelear contra el enemigo y vencerlo son las más inusuales. Pero "las armas de nuestra milicia no son carnales, sino poderosas en Dios para la destrucción de fortalezas (2 Corintios 10:4). Use el arma de la alabanza. Use el arma de la adoración. Use el arma de la Palabra. Use el arma de la oración y el ayuno. Declare: "No voy a tratar de hacer esto en mi carne. Dios, yo oro. Ayuno. Me humillo delante de ti. ¡Sé que no es por fuerza ni poder sino por el Espíritu del Señor que cada montaña será removida de mi vida!".

Es tiempo de ser libre de cada demonio terco y persona

obstinada que trate de evitar que usted haga lo que Dios lo ha llamado a hacer. Levántese y diga: "No, diablo 'este género' *se* va. Voy a orar y a ayunar hasta que obtenga un avance. Porque no voy a permitir que nada me detenga de hacer lo que Dios me ha asignado que haga".

No pierda la esperanza

Una de mis Escrituras favoritas es: "La esperanza que se demora es tormento del corazón; pero árbol de vida es el deseo cumplido" (Proverbios 13:12). En otras palabras, cuando usted tiene esperanza para que algo suceda, pero sigue demorándose, usted se siente desanimado y tiene ganas de rendirse. Pero cuando viene la respuesta y usted obtiene lo que ha estado esperando y creyendo, usted se siente vivo y vigorizado: pleno. La Biblia llama a esto: "árbol de vida".

Una de las claves para disfrutar la vida, la vida abundante y disfrutar la vida en Dios es que sus esperanzas se cumplan. Cuando usted siempre se encuentra en una posición de esperar y esperar, esta demora se convierte en desesperanza, desánimo, frustración, depresión y tormento. Cuando la gente no puede ver avances en áreas en particular, simplemente se rinden. Algunos han dejado la iglesia o han dejado a Dios porque este avance que estaban esperando fue demasiado terco y no se movió en sus vidas. Pero estoy comprometido con ver que los demonios tercos y las fortalezas que presentan resistencia sean destruidos. No importa lo fuerte o resistente que un demonio sea, ¡Dios todavía tiene todo poder!

Uno de los animales más desafiantes y tercos es la mula. Si las mulas no quieren hacer algo, no puede forzarlas a hacerlo. Simplemente se sientan. Uno tiene que arrastrarlas. Mi oración es que a través de este libro y de otros que sigan, le esté dando las herramientas y estrategias de Dios para tratar con espíritus mula, demonios asnos y todos esos demonios que dicen que no cuando les ordena que salgan (algunas veces dicen que no antes de que usted les ordene salir). Saldrán en el nombre de Jesús a través de oración y ayuno.

Larga guerra

> Hubo larga guerra entre la casa de Saúl y la casa de David; pero David se iba fortaleciendo, y la casa de Saúl se iba debilitando.
>
> —2 Samuel 3:1

Es probable que no le guste este término *larga guerra*. No lo culpo. ¿A quién le gustaría? Queremos que termine rápidamente. Pero algunas guerras no terminan rápidamente. Si usted está peleando con un enemigo terco que se rehúsa a rendirse, entonces sepa que va a pelear y pelear y pelear. Hay demonios que pelean y pelean y pelean por mantenerse. Pero le tengo buenas noticias: si usted sigue presionando al enemigo, usted se fortalecerá cada vez más, y él se debilitará cada vez más.

Lo que los demonios no pueden manejar es una guerra larga. Ellos quieren que usted los golpee y se rinda. Pero usted tiene la mentalidad de que usted continuará en oración, ayuno y presionando este demonio, ¡porque solo es cuestión de tiempo antes de que se quiebre!

Algunas veces usted tiene que debilitar a los demonios. Hemos experimentado esto en nuestro ministerio de liberación en la iglesia Crusaders Church. Hemos tratado con demonios que son sumamente fuertes. A lo largo de un periodo oramos, ayunamos, reprendemos y llevamos a cabo varias sesiones tratando con el mismo demonio, pero después de un tiempo vemos que ese demonio se debilita cada vez más.

Cuando empiece a orar por liberación si algunos espíritus

demoníacos le responden: "No nos vamos a ir. No lo puedes cancelar, no nos puedes echar fuera. No tienes poder. Nos vamos a quedar aquí. Vamos a destruir. Nos perteneces. Esta es nuestra casa". Solamente diga: "Está bien. Sigue hablando. Yo voy a orar, voy a orar en lenguas, ayunar, reprender al diablo, aplicar la sangre, citar las Escrituras…". Después de un rato esos mismos demonios que solían hablar en manera desafiante van a decir: "¿Podrías dejarnos en paz? ¿Podrías dejar de hacer eso? Nos estás exasperando". Usted siempre puede identificar cuando los demonios están comenzando a debilitarse porque se enojan y comienzan a hacer amenazas. Dicen cosas como: "Te vamos a matar". No tema. Eso se llama pánico. Cuando usted empiece a ver al diablo entrar en pánico, sepa que necesita seguir ejerciendo presión hasta que salga lloriqueando de su vida.

Solamente porque sea una larga guerra no significa que usted esté perdiendo. La gente me ha preguntado por qué Dios permite que estas cosas se queden en nuestra vida para una larga guerra. Dios lo permite porque quiere enseñarnos cómo pelear. Usted aprenderá a tener fe y persistencia en una larga guerra. Usted necesita eso como hijo de Dios. Usted necesita aprender como mantenerse en fe en contra de situaciones imposibles. Usted no pone su mirada en cómo lucen las cosas. Usted necesita creerle a Dios.

Cuando envió a Israel a la tierra para echar fuera al enemigo no los echaron fuera a todos en un año. Dios no permitió que echaran a todos los enemigos fuera de la tierra en un año. Un versículo en Jueces 3 dice que Dios dejó algunas de las naciones en Canaán para enseñarle a Israel cómo pelear, cómo hacer guerra. Muchos de los que salieron de Egipto no sabían nada acerca de la guerra.

Algunas veces a medida que usted está haciendo guerra contra las tinieblas, el Señor le está enseñando cómo usar su fe, cómo usar la Palabra, cómo utilizar la oración, cómo resistir. Quiere enseñarle a pelear para que no sea un blandengue en el ejército del Señor. Los mayores guerreros en el Reino de Dios son personas que han peleado batallas solos y que han vencido algunas cosas. Cuando usted vence cosas ya no es una teoría de la Biblia. Usted sabe que la victoria es real. Usted sabe cómo obtener la victoria. Eso le da una habilidad mucho mayor para pelear por otras personas, para hacer guerra por otros, para usar su fe, para desarrollar su fuerza en el Señor. Algunas veces sus victorias personales lo capacitarán para ayudar a alguien más a obtener la victoria.

A muchos creyentes no les gusta una larga guerra. Se rinden. Eso es con lo que el enemigo está contando. Tiene la esperanza de que el pueblo de Dios se canse y se rinda. Lo que él quiere que sintamos es que no lo podemos hacer, que no lo podemos vencer y que no vamos a ganar. Quiere farolear de que no somos los suficientemente fuertes. Pero yo le digo, no se rinda. No se dé por vencido. Si Dios es por nosotros, ¿quién contra nosotros? (Romanos 8:31). Dios está de su lado. Probablemente tenga que pelear por lo que es suyo, y eso quizá lleve tiempo. Pero cuando usted ora y ayuna y se compromete con ver la victoria sin importar cuanto tome, es solamente cuestión de tiempo para que el enemigo se desmorone y usted *tendrá* la victoria.

NO, LA TERCERA NO ES LA VENCIDA

En 2 Reyes 13:14–19 se nos presenta la saeta de liberación y aprendemos cómo la unción profética nos ayuda a hacer guerra.

> Estaba Eliseo enfermo de la enfermedad de que murió. Y descendió a él Joás rey de Israel, y llorando delante de él, dijo: ¡Padre mío, padre mío, carro de Israel y su gente de a caballo! Y le dijo Eliseo: Toma un arco y unas saetas.

Tomó él entonces un arco y unas saetas. Luego dijo Eliseo
al rey de Israel: Pon tu mano sobre el arco. Y puso él su
mano sobre el arco. Entonces puso Eliseo sus manos sobre
las manos del rey, y dijo: Abre la ventana que da al oriente.
Y cuando él la abrió, dijo Eliseo: Tira. Y tirando él, dijo
Eliseo: Saeta de salvación de Jehová, y saeta de salvación
contra Siria; porque *herirás a los sirios en Afec hasta consu-*
mirlos. Y le volvió a decir: Toma las saetas. Y luego que el
rey de Israel las hubo tomado, le dijo: Golpea la tierra. Y
él la golpeó tres veces, y se detuvo. Entonces el varón de
Dios, enojado contra él, le dijo: Al dar cinco o seis golpes,
hubieras derrotado a Siria hasta no quedar ninguno; pero
ahora sólo tres veces derrotarás a Siria.

—Énfasis añadido

Creo que podemos hacer guerra conforme a la profecía. La
palabra del Señor es lo que usted necesita para lograr la victoria.
Es importante estar conectado con lo profético. Las palabras nos
animan en lo que estamos tratando. Nos ayudan a hacer guerra
en contra de nuestros enemigos. Los sirios fueron los mayores enemigos de Israel. Fueron un enemigo sumamente fuerte y resistente. El rey Joás acudió a un enfermo y moribundo profeta Eliseo
y clamó a él acerca de los ejércitos de Siria. Eliseo le dice a Joás
que debe atacar a Siria una y otra vez hasta que los haya destruido.
Entonces Eliseo le dice que tome un arco y unas flechas y que
golpee la tierra. No le dijo cuantas veces. El rey golpeó la tierra
tres veces y se detuvo. El profeta estaba enojado, porque ahora esa
sería la cantidad de veces que vencería a los sirios.

Tres veces no sería suficiente para destruir a los sirios como
Eliseo había profetizado. Posiblemente Eliseo podría haberle dicho
cuántas veces golpear la tierra con las flechas. Pero algunas veces
lo que está en una persona sale en sus acciones. ¡Joás no tenía el

suficiente odio o enojo contra el enemigo para golpear y golpear la tierra más allá de la tercera vez y probablemente tampoco hasta que se quebraran las flechas!

Cuando está tratando con el enemigo, usted necesitas darle más que una palmada de cortesía. Usted realmente necesita ganar. Usted tiene que odiar contra lo que esta luchando tanto que golpee las flechas hasta romperlas. Usted tiene que odiar la lujuria, la pobreza, el temor, el rechazo o cualquier cosa que sea hasta hacerla añicos. No es solo uno, dos, tres y luego voltear a ver al profeta y preguntar: "¿Lo hice bien?". ¡No! ¡Golpeé hasta que quede destruido!

Otro principio: algunas veces se necesita más de una victoria antes de consumir por completo al enemigo. No solo era una batalla; era más que una. En esencia el profeta dijo: "Deberías haber atacado cuatro o cinco veces para consumir al enemigo por completo. Ahora solamente ganarás tres veces". Y evidentemente tres victorias no serían suficientes para destruir completamente a los sirios. Los sirios perdieron, pero todavía estaban en una posición de reconstruir. Queremos destruir al enemigo de manera que no pueda reconstruirse. Queremos aplastar sus fortalezas tanto que sean destruidas, y que no tengamos que preocuparnos de volver a ver esa cosa nuevamente.

FARAONES TERCOS

No temáis; estad firmes, y ved la salvación que *Jehová* hará hoy con vosotros. Porque los egipcios que hoy habéis visto, *nunca más para siempre los veréis*.
—ÉXODO 14:13, ÉNFASIS AÑADIDO

El faraón es un tipo del diablo. Fue obstinado. Continuó endureciendo su corazón. Siguió cambiando de opinión. Sin importar cuanto juicio vino, siguió endureciendo su corazón. Pero finalmente Dios tuvo una cosa para quebrantarlo: tomó su primogénito. Pero aun así, faraón vino detrás de ellos, pero Dios les dijo que no se preocuparan por él: "¡Voy a ahogarlo en el mar y ya no lo volverán a ver!".

Le pido a Dios que cada faraón, cada terco faraón, ¡sea ahogado y que usted no lo vuelva a ver! Posiblemente tenga que ayunar no una sola vez; sino diez veces. Se requirieron diez plagas para romper el poder de faraón. Es tiempo de quebrantar a esos tercos faraones. Algunas veces un faraón puede ser una persona controlada por el diablo, bruja, brujo, Jezabel, que quiere controlar su vida o su iglesia.

Odio utilizar este ejemplo, pero esto es lo que me viene a la mente. En *El mago de Oz* cuando la Bruja Malvada del Este amenaza a la otra, se ríe y responde: "¡Ja, ja, ja! Pamplinas. ¡Tú no tienes poder aquí!". En la misma manera, usted necesita reírse del diablo. Cuando el diablo lo amenace, simplemente ríase: "¡Ja, ja, ja! Pamplinas. ¡Tú no tienes poder aquí!". Yo veo esa película solamente para ver esa parte. Sé que es una bruja hablándole a otra, pero solamente elimine la parte de bruja, y lo captará.

¡No permita que esos espíritus demoníacos lo amenacen! No me importa si están volando alrededor de la habitación en una escoba y con un sombrero negro puesto. Declare: "Ninguna bruja, brujo ni Jezabel controlará mi vida. Soy un siervo de Jesucristo, y a quien el Hijo lo libertare es verdaderamente libre. Ningún apóstol, ni doctor apóstol, ni obispo, ni arzobispo, ni arzobispo primado...no me importa cuál sea su título...ningún profeta, o profetisa, o lo que sea, ha sido llamado para controlar mi vida. No has sido llamado para dominarme, manipularme e intimidarme. ¡El diablo es un mentiroso!".

Algunas veces se necesita más de un juicio, batalla o victoria para quebrantar enemigos tercos. Hay algo acerca de los enemigos obstinados. Usted puede golpearlos una vez, pero siguen regresando. Al parecer no había nada que Dios pudiera hacer para aflojar la opresión del faraón sobre los hijos de Israel, no iba a dejar ir al pueblo de Dios. Incluso los asesores del faraón le dijeron: "Dedo de Dios es este. No puede pelear contra Dios" (vea Éxodo 8:19). Y finalmente tuvo que doblar su rodilla delante del Rey de reyes.

Es tiempo de darle una paliza al diablo. No vamos a dejarlos en paz, aun y cuando clamen: "Déjanos en paz" (Marcos 1:23–24, BLPH). Vamos a presionarlos. Vamos a atar, reprender, echar fuera, orar y enfrentar los poderes del infierno. Han sido dejados en paz demasiado tiempo. Nadie ha estado orando, ayunando, tomando autoridad o predicando. Han tenido dominio completo en las generaciones. Hicieron lo que quisieron. Pero ahora está siendo criada una nueva raza. Son pastores, profetas, apóstoles, maestros, evangelistas y creyentes comunes ¡que no van a dejar al enemigo en paz hasta que se vaya!

ORACIONES PARA QUEBRANTAR A LOS DEMONIOS TERCOS Y A LAS FORTALEZAS RESISTENTES

Ato, reprendo y echo fuera todo demonio terco que quisiera intentar aferrarse a mi vida obstinadamente, en el nombre de Jesús.

Vengo en contra de toda fortaleza resistente y le ordeno que se rinda al poder de Dios y al nombre de Jesús (2 Samuel 5:7).

Presiono a todo demonio terco y fortaleza resistente y rompo su dominio de sobre mi vida, en el nombre de Jesús.

Desarraigo toda raíz terca de mi vida, en el nombre de Jesús (Mateo 15:13).

Le ordeno a todo yugo como de hierro que se quiebre y se rompa, en el nombre de Jesús (Jueces 1:19).

Quebranto el poder de todo demonio orgulloso, terco y arrogante que se exalte en contra de Cristo, y le ordeno que sea degradado, en el nombre de Jesús.

Rompo el poder de toda iniquidad en mi familia que podría tercamente intentar controlar mi vida, en el nombre de Jesús.

Vengo en contra de todos los demonios obstinados y rompo su influencia en mi vida, en el nombre de Jesús.

Reprendo todo patrón terco y habitual de fracaso y frustración en mi vida, en el nombre de Jesús.

Reprendo a todos los faraones tercos que quisieran intentar retener al pueblo de Dios, y les ordeno que dejen ir al pueblo de Dios, en el nombre de Jesús (Éxodo 8:32).

Ato y reprendo a todos los enemigos necios, que tercamente se oponen a mí y a mi avance, en el nombre de Jesús.

Reprendo todos los demonios tercos que quisieran intentar resistir el poder de Dios y la autoridad que tengo a través de Jesucristo, y los dejo sin poder para resistir, en el nombre de Jesús.

Vengo en contra de todo patrón persistente que me limite, y lo dejo sin poder en mi contra, en el nombre de Jesús.

No hay nada imposible a través de la fe, y libero mi fe en contra de todo demonio terco y obstinado, y lo resisto con tenacidad, en el nombre de Jesús (Mateo 19:26).

Debilito, quebranto y presiono a todo demonio terco y fortaleza resistente. Te debilitas cada vez más y yo me fortalezco cada vez más. Libro una larga guerra en tu contra, hasta que seas completamente derrotado y destruido en mi vida, en el nombre de Jesús (2 Samuel 3:1).

Le pongo sitio a toda fortaleza que se resista a través de la oración y el ayuno, hasta que las paredes se derrumben, en el nombre de Jesús (Deuteronomio 20:19).

Utilizo el ariete de la oración y el ayuno para demoler todas las puertas de cada fortaleza resistente en el nombre de Jesús. Que cada muralla de Jericó caiga a través de mi alabanza, a medida que levanto mi voz como una trompeta en su contra, en el nombre de Jesús (Josué 6:1, 20).

Que cada tocón demoníaco sea removido de mi vida, en el nombre de Jesús.

Rompo la voluntad de cada espíritu terco que quisiera intentar permanecer en mi vida, en el nombre de Jesús. No te queda voluntad para resistir, tu voluntad queda rota y debes someterte al nombre de Jesús y al poder del Espíritu Santo.

Vengo en contra de todos los demonios tercos y fortalezas resistentes en mi familia que se hayan rehusado a irse, y asalto toda fortaleza demoníaca que se haya construido por generaciones, en el nombre de Jesús.

Reprendo toda mula necia y toro de Basán de mi vida en el nombre de Jesús. Rompo su voluntad en mi contra en el nombre de Jesús. Estás derrotado y debes doblar tu rodilla al nombre que es sobre todo nombre (Salmos 22:12).

La unción está incrementando en mi vida a través de la oración y el ayuno, y cada yugo terco está siendo destruido (Isaías 10:27).

CONFESIONES DE NUNCA MÁS

Nunca más el faraón (Satanás) me controlará, porque he sido liberado de su poder.

Nunca más seré esclavo de Satanás; ahora soy siervo de Cristo.

Nunca más permitiré que el diablo haga lo que quiera en mi vida, sino que resisto al diablo y el huye de mí (Santiago 4:7).

Nunca más escucharé ni creeré las mentiras del diablo, porque es un mentiroso y padre de mentira (Juan 8:44).

Nunca más escucharé la voz del maligno.

Nunca más seré atormentado por espíritus inmundos (Lucas 6:18).

Nunca más seré angustiado y abatido por el enemigo (Mateo 9:36, NBLH).

Nunca más seré puesto en cautiverio porque Cristo me ha liberado. Soy verdaderamente libre (Juan 8:36).

Nunca más permitiré que los demonios de doble ánimo me confundan y me hagan indeciso (Santiago 1:8).

Nunca más permitiré que las maldiciones obstaculicen mi vida. Rompo toda maldición porque he sido redimido de la maldición (Gálatas 3:13).

Nunca más le abriré la puerta a los demonios a que entren a mi vida a través de la falta de perdón o el resentimiento (Mateo 18:35).

Nunca más le abriré la puerta a los demonios para que entren en mi vida a través de pecado habitual.

Nunca más abriré la puerta para que los demonios entren en mi vida a través de participar en lo oculto.

Nunca más abriré la puerta para que entren demonios a través de rebelión y desobediencia.

Nunca más el demonio de control mental afectará mis pensamientos. Corto todos los tentáculos del control mental.

Nunca más los espíritus de serpiente y escorpión afectarán mi vida, porque tengo poder para hollar serpientes y escorpiones.

Nunca más seré atormentado por el enemigo.

Nunca más el enemigo será mi amo; Jesús es mi Señor.

Nunca más toleraré las obras del diablo en mi vida, porque Jesús vino y destruyó las obras del diablo (1 Juan 3:8).

Nunca más contaminaré mis estándares y santidad; la Palabra de Dios es mi estándar, no los estándares del mundo (2 Corintios 10:2).

Nunca más permitiré que el enemigo controle ninguna parte de mi vida, sino que mi vida está bajo el control del Espíritu y la Palabra de Dios.

Nunca más permitiré que el enemigo controle mi destino, sino que Dios es el que revela y el que perfecciona mi destino.

Nunca más le permitiré al enemigo abortar algún plan de Dios para mi vida.

Nunca más permitiré que la gente me aleje del amor de Dios, sino que me comprometo a caminar en amor, porque Dios es amor (1 Juan 4:7–8).

Nunca más cerraré mi corazón de compasión (1 Juan 3:17).

Nunca más haré nada indebido, porque el amor no hace nada indebido (1 Corintios 13:5).

Nunca más me irritaré fácilmente, por que el amor no se irrita (1 Corintios 13:5).

Nunca más buscaré lo mío, porque el amor no busca lo suyo (1 Corintios 13:5).

Nunca más voy a guardar rencor, porque el amor no guarda rencor (1 Corintios 13:5).

Nunca más voy a perder la esperanza, porque el amor todo lo espera (1 Corintios 13:7).

Nunca más me voy a rendir, porque el amor todo lo soporta (1 Corintios 13:7).

Nunca más permitiré que el acusador me acuse, porque soy lavado y limpiado por la sangre del Cordero (Apocalipsis 1:5; 7:14).

Nunca más permitiré que la melancolía y la tristeza controlen mi alma, porque el Señor se ha llevado mi lloro y mi clamor (Isaías 65:19).

Nunca más se cerrarán los cielos sobre mi vida, sino que el Señor ha abierto las ventanas de los cielos (Malaquías 3:10).

CAPÍTULO 6
CÓMO AYUNAR POR LIBERACIÓN

Por eso pues, ahora, dice Jehová, convertíos a mí con todo
vuestro corazón, con ayuno y lloro y lamento. Rasgad vuestro
corazón, y no vuestros vestidos, y convertíos a Jehová vuestro
Dios; porque misericordioso es y clemente, tardo para la
ira y grande en misericordia, y que se duele del castigo.

—JOEL 2:12–13

USTED HA ORDENADO, reprendido, orado, hecho guerra y gritado, pero hay más que necesita ser quebrado en su vida. Es tiempo de añadir un poco de ayuno a su estrategia de guerra. Solo que están esos "tipos" de fortalezas demoníacas que no hay otra manera de enfrentar. Sin atajos. Usted tiene que ayunar y humillarse hasta que eso se rompa y salga de su vida.

Como mencioné en el capítulo anterior, los demonios son diferentes en términos de su maldad. Hay demonios que son más malignos, más inmundos, más fuertes, más tercos y mayores en rango, capacidad e inteligencia. Entre más tiempo haya estado un demonio en la familia o en la vida de una persona, es más difícil de remover porque sus raíces corren sumamente profundo. Los demonios como la rebelión, orgullo, hechicería, Jezabel, pobreza y escasez podrían salir fuera solamente con un alto nivel de fe.

Algunas veces parece como si no pudieran ser desalojados, y la gente se desanima y se frustra y sienten que han fallado. En Mateo 17 los discípulos de Jesús encontraron un demonio en un muchacho y no lo pudieron curar por incredulidad. La incredulidad estorba para tratar con fortalezas. Se requiere fe para desalojar al enemigo. El ayuno lo ayuda a vencer la incredulidad y construir fe fuerte.

Esta es la combinación sobrenatural que Jesús les dio a sus discípulos en Mateo 17: oración y ayuno. No estoy diciendo que cuando ayune obtendrá puntos buenos delante de Dios o que está abriéndose paso a disfrutar las bendiciones de Dios. No ayunamos para ser salvos, para agradar a Dios o ir al cielo. No hay ley que diga que si usted no ayuna se va a ir al infierno. Ayunamos para obtener avances y avivamiento para la familia y para los seres queridos. ¡Porque las armas de nuestra milicia no son carnales sino poderosas en Dios!

Algunas cosas requieren ayuno *y* oración. No hay otra manera de enfrentarlo. Están esos tipos de demonios que simplemente no se rinden. Son fuertes, orgullosos, arrogantes y desafiantes. Son espíritus familiares que han estado en su familia. Pero usted tiene que llegar al punto en que a usted no le importa el desastre que es su familia, usted dice: "Esto se acaba conmigo. No va a haber otra generación. Se acabó diablo. Si mi abuela o mi abuelo no se levantaron en tu contra, si mi madre y mi padre no lo vencieron, yo lo voy a vencer. Me rehúso a ser pobre, quebrado, enfermo, rechazado, con problemas…¡No!".

Algunas veces usted tiene que hacer algo inusual, extraordinario y más allá de la norma para ver un avance. La iglesia normal, el cristianismo normal, la predicación normal y la oración normal no van a lograr hacer el trabajo. Un poco de dulce oración no va a lograrlo. La religión no lo va a lograr. Se va a requerir una unción que destruya el yugo. Cuando usted ayuna, la unción incrementa en su vida porque usted está bastante en el Espíritu. La autoridad de Dios, el poder de Dios y la fe de Dios cobran vida cuando usted deja algunas cosas a un lado y ayuna. Usted se encontrará fortaleciéndose cada vez más. Gritar no lo logra. Es la unción lo que lo logra.

Isaías 58 habla acerca de cómo podemos romper cada yugo para remover las cargas pesadas. Ayunar hace espacio para que los oprimidos sean liberados. Ayunar rompe ataduras y genera avivamiento. Cuando esté tratando con un asunto serio—quizá esté tratando con algo que no sepa cómo manejar—lo mejor que puede hacer algunas veces es dejar de comer un rato. Ore en contra de eso. El hombre probablemente no sea capaz de ayudarlo y es posible que no sepa cómo vencerlo, pero con Dios todas las cosas son posibles.

A medida que ayune y se humille, la gracia de Dios vendrá sobre su vida. El Señor será la fuerza de su vida. Lo que no podía hacer en la carne, lo puede hacer por el Espíritu de Dios. ¡Porque no es por fuerza ni poder sino por el Espíritu del Señor que cada montaña es removida!

Escuche, las situaciones extraordinarias requieren medidas extraordinarias. Algunas veces solamente sucede cuando se desespera; cuando está tan cansado de ser derrotado y obstaculizado en esa área.

Veamos algunas victorias que no habíamos visto antes. Logremos algunos avances que no habíamos tenido antes. Veamos algunos milagros que no habíamos visto antes. Echemos fuera algunos demonios que no habían sido echado fuera antes. Rompamos algunas maldiciones que no querían ceder. Veamos como son desarraigados asuntos generacionales que no podían ser desarraigados. ¡Veamos un cambio! No una. No dos. Ni siquiera tres veces. Si tiene que hacerlo más que eso, hágalo más que eso. No se rinda. Siga haciéndolo. Siga haciéndolo hasta que sepa que tiene la victoria, hasta que logre un avance, ¡hasta que sienta que algo se rompe!

Usted tiene que cansarse tanto del diablo que diga: "Es

suficiente. Si tengo que voltear mi plato para obtener un avance en esta área, no voy a comer". Cuando su estómago comience a gritar, dígale que retroceda. Al final, usted ganará, ¡y tendrá victoria! ¡Que nuestros enemigos espirituales sean golpeados y consumidos, en el nombre de Jesús!

Tiene que ser determinado: "Ningún demonio va a controlar mi vida. Soy un hijo de Dios y al que el Hijo libertare es verdaderamente libre. No me importa lo terca que sea esta cosa, o cuánto trate de resistir. Voy a romper cada dedo y los pulgares del enemigo. Voy a romper sus muñecas, romper su dominio...¡Diablo, no puedes tener mi vida!".

Esta es la fe y la determinación inconmovible que el ayuno desarrollará en su vida para ver liberación en cada área que el enemigo ha tratado de controlar. Consideremos todavía más beneficios que el ayuno añadirá a su vida.

El ayuno libera la unción del que quebranta

Hemos establecido que hay algunas cosas en nuestra vida que simplemente no pueden mantenerse si vamos a caminar victoriosamente y en pacto con Dios. Hemos permitido mucho y hemos sido demasiado suaves con el enemigo que está haciendo estragos en nuestra vida. El ayuno libera la unción del que quebranta. El profeta Miqueas profetizó que vendría el día de rompimiento delante de su pueblo. Estamos viviendo en los días del que abre brechas.

> El que abre brecha subirá delante de ellos; abrirán brecha, pasarán la puerta y saldrán por ella; su rey pasará delante de ellos, y el Señor a su cabeza.
> —Miqueas 2:13, nblh

El Señor es un abridor de caminos y brechas. Es capaz de atravesar cualquier obstáculo u oposición a favor del pueblo de su pacto. Hay una unción del que abre caminos levantándose sobre la Iglesia. Estamos viendo y experimentando más avances que nunca antes. Ayunar provocará que los avances continúen en las familias, las ciudades, las naciones, las finanzas, el crecimiento de la iglesia, salvación, sanidad y liberación. Ayudará a los creyentes a abrirse paso a través de toda la oposición del enemigo.

Como dijimos, hay algunos espíritus operando en nuestra vida que no pueden ser vencidos sin ayunar. Algunos creyentes luchan con ciertas limitaciones por las que al parecer no pueden abrirse camino. Una revelación de cómo operan el pacto y el ayuno de la mano cambiará esto y dará como resultado victorias que no se podrían haber obtenido de manera ordinaria. Una vida de ayuno constante llevará a que se manifiesten muchas victorias. La voluntad de Dios es que los creyentes de su pacto vivan una vida de victoria y perfecta paz sin que nada sea imposible para ellos.

Acérquese al ayuno
con humildad y sinceridad

En los tiempos de Jesús los fariseos ayunaban con actitudes de orgullo y superioridad:

> El fariseo, puesto en pie, oraba consigo mismo de esta manera: Dios, te doy gracias porque no soy como los otros hombres [...] ayuno dos veces a la semana...
> —Lucas 18:11–12

Siempre que usted está lleno de orgullo, está siendo legalista y religioso, usted puede ayunar y orar todo lo que quiera, pero no verá milagros. Los fariseos no tenían milagros que vinieran como resultado de su oración y ayuno. No tenían poder. Jesús tenía todos los milagros porque era humilde y lleno de misericordia, amor y compasión hacia la gente.

Los fariseos no tenían nada excepto largas túnicas sobre ellos. Túnicas sin milagros. No podían sanar un dolor de cabeza. No podían sanar una mordida de mosquito. No podían sanar un padrastro. No tenían poder porque no eran humildes ni mostraban misericordia. Jesús apareció y rompió todas sus reglas. Sanó a los enfermos, resucitó a los muertos y echó fuera demonios. Entonces querían matarlo. No estaban preocupados por la gente. Estaban más preocupados por su posición y su título. Nunca llegue a un punto en el que su posición o título vacíe su vida de la humildad y la misericordia de Dios. Siempre sea humilde. Siempre sea misericordioso.

Debemos abordar el ayuno con humildad. El ayuno debe ser genuino y no religioso o hipócrita. Esto es lo que Dios requiere al ayunar. Debemos tener los motivos correctos al ayunar. Ayunar es una herramienta poderosa si se hace correctamente. Los musulmanes y los hindúes ayunan, pero sus ayunos son meramente religiosos. Grandes milagros y avances suceden cuando el ayuno se hace con el espíritu correcto.

Isaías capítulo 58 describe el ayuno escogido por Dios:

- No se debe ayunar para complacerse a sí mismo (v. 3).
- No se debe ayunar y maltratar a otros al mismo tiempo (v. 3).
- No se debe ayunar por contienda o pleito (v. 4).
- El ayuno debe llevar a que uno incline su cabeza en humildad, como junco (v. 5).
- El ayuno debe ser un tiempo de afligir el alma y arrepentirse.

- El ayuno se debe realizar con una actitud de compasión por los perdidos y los quebrantados (v. 7).

Este es el ayuno que Dios promete bendecir.

El enemigo conoce el poder de la oración y el ayuno, y hará todo lo que esté en su poder para detenerlo. Los creyentes que comiencen a ayunar pueden esperar encontrarse con mucha resistencia espiritual. El creyente debe estar comprometido con un estilo de vida de ayuno. Las recompensas de ayunar sobrepasan los obstáculos del enemigo.

CÓMO AYUNAR

Ayunar es beneficioso sea que ayune parcial o totalmente. Los ayunos constantes de un día fortalecerán su espíritu a lo largo del tiempo y le darán la habilidad de disciplinarse para ayunos más largos. Los ayunos de tres días con solo agua son una manera poderosa de ver victorias. Los ayunos más largos a tres días se deben llevar a cabo por personas con más experiencia en ayunar.

No recomiendo los ayunos largos a menos que haya una emergencia o uno sea guiado por el Espíritu Santo para hacerlo. Daniel ayunó veintiún días y vio un gran avance para su pueblo (Daniel 9–10). Daniel también era un profeta, y Dios va a usar a los profetas para ayunar por diferentes razones para ver avances. Jesús ayunó durante cuarenta días antes de comenzar su ministerio. Conozco personas que han ayunado cuarenta días y que han visto grandes victorias.

Un ayuno parcial puede incluir algunos alimentos como verduras y se puede hacer por varios días. Los ayunos completos consisten en tomar solo agua; y el agua es importante para limpiar el sistema de las toxinas que se liberan al ayunar. El Espíritu Santo le revelará cuándo necesite ayunar. Un estilo de vida de ayuno es un estilo de vida poderoso.

¿QUÉ TIPO DE AVANCES PUEDE ESPERAR COMO RESULTADO DE AYUNAR?

Como un creyente de pacto, la liberación y la libertad son parte de su paquete de salvación. El enemigo pelea con usted por esta libertad. Por eso es que estamos en una batalla. Él sigue robándole lo que ya ha sido provisto para usted. Jesús le dio la autoridad para detenerlo de llevarse sus bendiciones de pacto. Cuando también pueda comenzar a ayunar y a orar para que las manos del enemigo sean removidas de sus asuntos, esto es lo que puede esperar que vea roto de su vida y de la vida de los miembros de su familia.

Ayunar romperá el espíritu de pobreza de sobre su vida, y preparará el camino para la prosperidad (Joel 2:15, 18–19, 24–26).

El profeta Joel le dio a la gente la respuesta apropiada para la invasión de langostas. Las langostas representan los demonios que devoran. Las langostas representan los espíritus de pobreza y escasez. Las langostas habían venido sobre Israel y devoraron la cosecha. Joel alentó a la gente a que ayunara y se arrepintiera. Dios prometió escuchar sus oraciones y responder a través de enviarles grano, vino y aceite.

El grano, el vino y el aceite representan la prosperidad, una de las señales de caminar en pacto con Dios. Ayunar rompe el espíritu de pobreza y suelta el espíritu de prosperidad. He visto cantidades incontables de creyentes luchar en el área de sus finanzas. La prosperidad es elusiva para muchos. Esto es porque los demonios de pobreza no han sido atados mediante ayuno y oración.

En Deuteronomio 8:3, 7–9, 18 Dios permitió que la gente pasara hambre en el desierto al alimentarlos solamente con maná. Comieron maná durante cuarenta años. Esto precedió a su entrada a la Tierra Prometida. El ayuno ayuda a preparar al creyente para la buena tierra. Esta es una tierra sin escasez. Esta es una tierra sin carencias. Ayunar aflige el alma (Salmos 35:13). Dios recompensa a los que ayunan (Mateo 6:18). Se sueltan tremendas bendiciones para los que entienden el poder de ayunar y lo hacen.

Ayunar es una de las maneras en las que podemos romper fortalezas generacionales de pobreza. Ayunar prepara al creyente para la prosperidad al llevarlo a una posición de humildad. Dios ha prometido exaltar al humilde (1 Pedro 5:6). La promoción financiera es parte de esta exaltación. Dios da gracia (favor) al humilde (Santiago 4:6). El favor es una parte de la prosperidad financiera. Ayunar suelta la gracia y el favor sobre la vida de una persona. Esto romperá el ciclo de pobreza y fracaso.

Ayunar romperá el poder del temor que trata de oprimirlo (Joel 2:21).

¿Desea ver que sucedan grandes cosas en su vida y en su familia? El Señor desea hacer grandes cosas por el pueblo de su pacto. Ayunar romperá el espíritu de temor en su vida y en la vida de su familia y preparará el camino para que sucedan grandes cosas. Estas grandes cosas incluyen señales y maravillas.

Ayunar romperá la fortaleza de impureza sexual.

El pecado sexual es uno de los pecados más difíciles de romper. Muchos creyentes luchan con lujuria generacional que ha sido pasada a través de los linajes familiares. Los espíritus de lujuria generan mucha vergüenza, culpa y condenación. Esto les roba a los creyentes la confianza y denuedo que deberían tener como creyentes. Muchos creyentes luchan con masturbación, pornografía, perversión y fornicación. Ayunar por su familia expulsará esos espíritus generacionales de su vida.

En Jueces 19:22 leemos acerca de algunos hombres de una ciudad que querían tener relaciones sexuales con el huésped de un hombre viejo de esa ciudad. Eran homosexuales que fueron identificados como hijos de Benjamín. El hombre de la casa trató de desanimarlos y les ofreció a su hija y a la concubina del huésped en su lugar. Los hombres tomaron a la concubina del huésped y abusaron de ella toda la noche. El abuso fue tan severo que murió. Entonces el huésped tomó un cuchillo y cortó a la concubina en doce pedazos y los envió a cada tribu de Israel. Su concubina había sido violada a muerte.

Los hombres que violaron a la concubina eran de la tribu de Benjamín. Los hombres de Israel se juntaron contra la ciudad y pidieron que entregaran a los culpables. Los hijos de Benjamín no quisieron oír y en lugar de ello se reunieron para la batalla. Entonces los hijos de Benjamín destruyeron a veintidós mil hombres de Israel en el primer día (Jueces 20:21), y destruyeron a dieciocho mil el segundo día (v. 25).

> Entonces subieron todos los hijos de Israel, y todo el pueblo, y vinieron a la casa de Dios; y lloraron, y se sentaron allí en presencia de Jehová, y ayunaron aquel día hasta la noche; y ofrecieron holocaustos y ofrendas de paz delante de Jehová [...] Y derrotó Jehová a Benjamín delante de Israel.
>
> —SJueces 20:26, 35

Israel no pudo vencer a Benjamín hasta que ayunaron. La resistencia de Benjamín implica que había algo demoníaco detrás de ellos. Doce tribus no podían vencer a una tribu por esta resistencia demoníaca. La resistencia fue rota después de ayunar.

Esta fue la única manera en que la perversión fue desarraigada de la tribu de Benjamín. Ayunar lo ayuda a usted y a su familia a liberarse de las cadenas de la perversión sexual y la lujuria.

Ayunar va a romper el poder de enfermedad y malestar y soltará sanidad en su familia (Isaías 58:5–6, 8).

Muchos creyentes batallan con enfermedades como cáncer, diabetes, hipertensión, sinusitis y dolor crónico. Estos espíritus de enfermedad con frecuencia son generacionales. Ayunar ayuda a eliminar las enfermedades y los malestares crónicos. Dios ha prometido que nuestra recuperación brotará con rapidez.

Ayunar va a liberar la gloria de Dios como su protección (Isaías 58:8, NBLH).

La protección divina es otra promesa de Isaías 58. Dios promete protegernos con su gloria. Ayunar suelta la gloria del Señor, que nos cubre a nosotros. Dios ha prometido cubrir a la iglesia con gloria como una defensa (Isaías 4:5). El enemigo no puede penetrar o vencer esta gloria.

Ayunar puede dar como resultado una oración respondida (Isaías 58:9).

La interferencia demoníaca genera que muchas oraciones sean obstaculizadas. Daniel ayunó veintiún días para abrirse paso a través de la resistencia demoníaca y recibir respuestas a sus oraciones (vea Daniel 10). El príncipe de Persia contuvo las respuestas durante veintiún días. El ayuno de Daniel ayudó a que el ángel se abriera paso para traer las respuestas.

Ayunar provocará que se aceleren muchas respuestas de oración. Estas incluyen oraciones por salvación de seres queridos y liberación. Ayunar ayuda a romper la frustración de la oración sin respuesta.

Ayunar libera la dirección divina (Isaías 58:11).

Muchos creyentes tienen dificultades para tomar decisiones correctas con respecto a relaciones, finanzas y ministerio. Esto genera contratiempos y desperdicio de tiempo a causa de sus decisiones tontas. Ayunar ayudará a los creyentes a tomar las decisiones correctas por medio de soltar dirección divina. Ayunar elimina la confusión. Ayunar genera claridad y suelta entendimiento y sabiduría para tomar decisiones correctas.

Se le recomienda ayunar a los que están tomando decisiones importantes como el matrimonio y el ministerio.

Ayunar romperá maldiciones generacionales en su familia (Isaías 58:12).

Muchos de los obstáculos que los creyentes encuentran son generacionales. Las maldiciones generacionales provienen de la iniquidad de los padres. Los pecados generacionales como el orgullo, la rebelión, la idolatría, la hechicería, la participación en lo oculto, la masonería y la lujuria le abren la puerta a los espíritus malos a que operen en las familias a lo largo de generaciones. Los demonios de destrucción, fracaso, pobreza, enfermedad, lujuria y adicción son fortalezas importantes en la vida de millones de personas.

Ayunar ayuda a soltar las ataduras de impiedad. Ayunar deja ir libres a los oprimidos. Ayunar nos ayuda a reconstruir las ruinas antiguas. Ayunar revierte la desolación que proviene del pecado y la rebelión.

Ayunar cierra portillos y trae restauración y reconstrucción a su familia (Isaías 58:12; Nehemías 1:4).

Hay muchos creyentes que necesitan restauración. Necesitan restauración en sus familias, finanzas, relaciones, salud y caminar con el Señor. Ayunar es parte de la restauración.

Ayunar cierra los portillos. Los portillos son aberturas en el muro que le dan al enemigo un punto de entrada a nuestra vida. Los portillos necesitan ser reparados y cerrados. Cuando los portillos se cierran el enemigo ya no tiene una abertura por la cual atacar.

Ayunar también nos mantiene en la calzada correcta (Isaías 58:12). Ayunar ayuda a evitar que nos extraviemos por el camino. Ayunar ayudará a los que se han desviado del camino correcto a que regresen. Ayunar es una cura para recaer.

Ayunar nos ayuda a caminar en el buen camino (Proverbios 2:9), por los senderos de la vida (Proverbios 2:19), por veredas de paz (Proverbios 3:17), en las sendas antiguas (Jeremías 6:16), y por las sendas derechas (Hebreos 12:13). Ayunar restaura estas calzadas y nos ayuda a andar en ellas.

En Nehemías 1 vemos que el viaje de Nehemías para restaurar y reconstruir los muros de Jerusalén comenzó con ayuno. El ayuno inició los eventos que hicieron posibles sus planes. Ayunar será un activo para cualquiera con un deseo por ver restauración en la vida de la gente que ha experimentado desolación.

Ayunar ayuda a restaurar y reconstruir los muros de nuestra vida que han sido derribados. Los muros simbolizan la protección y la seguridad. Una ciudad sin murallas está abierta al ataque del enemigo (Proverbios 25:28). Ayunar ayuda a restaurar los muros de salvación (Isaías 60:18). Ayunar ayuda a restaurar los atalayas de los muros (Isaías 62:6).

Ayunar hará que usted tenga una gran victoria en contra de desventajas abrumadoras (2 Crónicas 20:3).

Josafat estaba enfrentando los ejércitos combinados de Moab, Amón y Edom. Estaba enfrentando una desventaja abrumadora. Ayunar lo ayudó a derrotar esos enemigos. Ayunar nos ayuda a tener victoria en medio de la derrota.

Josafat convocó a un ayuno porque tenía miedo. El temor es otra fortaleza que muchos creyentes tienen dificultad de vencer. Ayunar romperá el poder del demonio de temor. Los espíritus de terror, pánico, horror, aprehensión y timidez se pueden vencer a través de ayunar. La libertad del temor es un requisito para vivir un estilo de vida victorioso.

El ayuno prepara el camino para usted y sus hijos y lo libra de los enemigos que los acechan en el camino (Esdras 8:21, 31).

El profeta Esdras ayunó porqué reconoció el peligro de su misión. Ayunar lo protegerá a usted y a sus hijos de los planes del enemigo. Ayunar detendrá las emboscadas del enemigo. Ayunar hará que su sustancia sea protegida del ataque del enemigo.

Ayunar romperá las potestades de carnalidad, división y contienda en su familia (Filipenses 3:19).

La carnalidad es un problema en muchas familias en el Cuerpo de Cristo. Ser carnal significa ser dado a la carne. Significa pensar en las cosas terrenales. No deberíamos ser controlados por el vientre. Ayunar se lleva el poder del vientre y fortalece el espíritu.

Pensar en las cosas de la carne es muerte. Tener una mentalidad espiritual es vida y paz (Romanos 8:6). La carnalidad provoca división y contienda (1 Corintios 3:13). La carnalidad obstaculiza el crecimiento y la madurez de los creyentes. La carnalidad evita que los creyentes comprendan las verdades más profundas de las Escrituras.

Ayunar ayuda a los creyentes a enfocarse en las cosas espirituales. Ayunar nos libera del poder de la carne. Ayunar incrementa el discernimiento espiritual (1 Corintios 2:15).

Ayunar romperá las potestades de orgullo, rebelión y hechicería (Salmos 35:13; Job 33:17–20).

La enfermedad puede ser un resultado de la soberbia. El dolor puede ser un resultado de la soberbia. La enfermedad a menudo da como resultado la pérdida del apetito. Este es un ayuno forzado. Ayunar aflige el alma. Ayunar nos ayuda a vencer al hombre fuerte del orgullo. El orgullo y la rebelión son espíritus generacionales que a menudo son difíciles de vencer.

La glotonería y la borrachera son señales de rebelión (Deuteronomio 21:20). La rebelión es como el pecado de hechicería (1 Samuel 15:23). Dios afligió a Israel en el desierto al alimentarlos solamente con maná (Deuteronomio 8:3). Israel se entregó a un deseo desordenado por carne en el desierto. Esta fue una manifestación de rebelión (Salmos 106:14–15).

Ayunar hará que el gozo y la presencia del Señor vuelvan (Marcos 2:20).

La presencia del novio causa gozo. Las bodas están llenas de gozo y celebración. Cuando un creyente pierde el gozo y la presencia del Señor, él o ella necesita ayunar. Ayunar hace que el gozo y la presencia del Señor regresen. Ningún creyente puede vivir una vida victoriosa sin la presencia del novio. El gozo del Señor es nuestra fuerza (Nehemías 8:10).

Ayunar soltará el poder del Espíritu Santo para que suceda lo milagroso (Lucas 4:14, 18).

Ayunar incrementa la unción y el poder del Espíritu Santo en la vida de un creyente. Jesús ministró en poder después de ayunar. Sanó a los enfermos y echó fuera demonios. Se espera que todos los creyentes realicen las mismas obras (Juan 14:12). Ayunar nos ayuda a ministrar sanidad y liberación a nuestras familias y a otros alrededor de nosotros. Ayunar nos ayuda a caminar en el poder de Dios. Ayunar libera la unción para que sucedan milagros en su vida y en la vida de sus familiares.

Ayunar rompe la incredulidad y la duda (Mateo 13:58; 17:20).

Y no hizo allí muchos milagros, a causa de la incredulidad de ellos.
—MATEO 13:58

Jesús les dijo: Por vuestra poca fe; porque de cierto os digo, que si tuviereis fe como un grano de mostaza, diréis a este monte: Pásate de aquí allá, y se pasará; y nada os será imposible.
—MATEO 17:20

La incredulidad es un enemigo para operar en lo milagroso. Jesús no pudo operar en el poder de Dios a causa de la incredulidad de la gente. Los discípulos no pudieron echar fuera un demonio fuerte a causa de la incredulidad.

Es importante echar fuera la incredulidad de su vida. Y una de las maneras en que esto se puede lograr es a través de oración y ayuno. La oración y el ayuno nos ayuda a remover obstáculos a nuestra fe y a nuestras acciones llenas de fe.

En el avivamiento de sanidad de 1948-1957 muchos entraron a un ministerio de sanidad de esta manera. Franklin Hall escribió un libro clave: *The Atomic Power With God With Prayer and Fasting* [El poder atómico de Dios con la oración y el ayuno]. Él llamó al ayuno "oración supercargada". Dijo que la carne tiene tres necesidades primarias (alimento, sexo y estatus) y entre estas la necesidad de alimento es la dominante. Estos tres deseos naturales son válidos, pero pueden volverse demasiado fuertes con facilidad (los deseos descontrolados equivale a lujuria) y dominarnos. Por lo que ayunar es la manera de ejercer control sobre la carne en su punto medular.

Ayunar, aunado con la oración, es una de las armas más poderosas para abrirse paso y vencer la incredulidad. Jesús precedió su ministerio con ayuno y volvió en el poder del Espíritu a Galilea. Jesús no batalló con la incredulidad, y operó en fe a lo largo de su ministerio. Si es desafiado con incredulidad en cualquier situación, lo animo a ayunar y orar para vencerlo.

Declare los beneficios
de ayunar sobre su vida

Señor, yo creo en el poder del ayuno que tú escogiste (Isaías 58).

Señor, que mi ayuno destruya los yugos que el enemigo ha establecido en mi contra.

Que tu luz venga a mi vida a través del ayuno que has escogido.

Que tu salud y sanidad me sean soltadas a través del ayuno que has escogido.

Que vea victorias de salvación y liberación en mi vida a través del ayuno que has escogido.

Que se liberen milagros en mi vida a través del ayuno que has escogido.

Que tu poder y autoridad sea soltados en mi vida a través del ayuno que has escogido.

Aflijo mi alma a través del ayuno, y que tu favor me exalte.

Expulso de mi vida todo demonio terco a través del ayuno que has escogido.

Que tu bendición de pacto y misericordia sean soltadas sobre mí a través del ayuno que has escogido.

Nada es imposible contigo, Señor, que mis imposibilidades se vuelvan posibilidades a través del ayuno que has escogido.

Que cada asignación del infierno contra mí sea rota a través del ayuno que has escogido.

Que todo orgullo, rebelión y brujería operando en mi vida sea destruida a través del ayuno que has escogido.

Que tu unción incremente en mi vida a través del ayuno que has escogido.

Que disfrute de la restauración a través del ayuno que has escogido.

Que toda carnalidad sea reprendida de mi vida a través del ayuno que has escogido.

Que todos los hábitos y la iniquidad en mí sean rotos y vencidos a través del ayuno que has escogido.

Que mis oraciones sean respondidas rápidamente a través del ayuno que has escogido.

Guíame a través del ayuno que has escogido.

Manifiesta tu gloria a mi vida a través del ayuno que has escogido.

Que las fortalezas de impureza sexual y lujuria sean rotas en mi vida a través del ayuno que has escogido.

Que la enfermedad y la debilidad sean destruidas en mi vida, y que venga la sanidad a través del ayuno que has escogido.

Que la pobreza y la miseria sean destruidas en mi vida a través del ayuno que has escogido.

Remueve toda opresión y tormento del enemigo en mi vida a través del ayuno que has escogido.

Me aflijo con ayuno (Salmos 35:13).

Me convertiré al Señor con todo mi corazón, con ayuno y lloro y lamento (Joel 2:12).

Este "género" que enfrento saldrá de mí con oración y ayuno (Mateo 17:21).

Ayunaré conforme al ayuno escogido por el Señor (Isaías 58:5).

Publicaré ayuno para afligirme delante de nuestro Dios, para solicitar de él camino derecho para mi familia y todos nuestros bienes (Esdras 8:21).

Ayuno para desatar las ligaduras de impiedad, soltar las cargas de opresión, y dejar ir libres a los quebrantados, y romper todo yugo (Isaías 58:6).

Volveré mi rostro a Dios el Señor, buscándolo en oración y ruego, en ayuno, cilicio y ceniza (Daniel 9:3).

Ayunaré en secreto, y mi Padre que ve en lo secreto me recompensará en público (Mateo 6:18).

No me apartaré del templo, sirviendo de noche y de día con ayunos y oraciones (Lucas 2:37).

CAPÍTULO 7
MEDITE EN LA PALABRA PARA MANTENER SU LIBERACIÓN

Escrito está: No sólo de pan vivirá el hombre, sino de toda palabra que sale de la boca de Dios.

—MATEO 4:4

OMO DIJE EN el capítulo 2, no es suficiente pasar por una sesión o dos de liberación para mantener la dieta espiritual adecuada que le dará soporte a su caminar con Dios. También necesita la Palabra de Dios implantada en su corazón para que no recaiga y regrese a las cosas de las que se ha apartado. Salmos 119:11 dice: "En mi corazón he guardado tus dichos, para no pecar contra ti".

También mencioné en el capítulo 3 que una de las claves para ser hecho libre es la luz y la revelación. Uno obtiene revelación a través de estudiar y meditar en la Palabra de Dios. La revelación echa fuera a los gobernadores de las tinieblas que tratan de controlar su vida. La revelación de la Palabra hace que vea lo que está escondido del ojo natural. La revelación le dará entendimiento de los misterios de Dios. Usted comenzará a caminar en un nivel de comprensión que no es común sin revelación. Esta es una herramienta importante para la victoria en la guerra espiritual y mantener el éxito en la vida.

Conocer cosas que no podría saber. Hacer cosas que no podría hacer. Ir a lugares a donde no sabría ir. Estar en una posición para oportunidades que no podría haber desarrollado por sí mismo. Sabiduría sobrenatural y entendimiento. Una capacidad aguda para tomar decisiones y resolver problemas. Discernir el tiempo correcto para que las cosas sucedan. Estas son las cosas misteriosas que Dios quiere que usted esté listo para recibir a través de su Palabra y mediante profecía: su palabra revelada.

Mantener su libertad de ataduras y fortalezas le permitirá que su oído esté sintonizado con la voz de Dios y que su mente se alinee con la mente de Cristo. La meditación en la Palabra mantiene su espíritu libre de las artimañas del enemigo y en sintonía, alineado y caminando en el camino correcto.

> Lámpara es a mis pies tu palabra, y lumbrera a mi camino.
> —Salmos 119:105

La meditación: La llave a la prosperidad y el éxito

Estar atado por fortalezas demoníacas y espíritus opresores encuentra la manera de mantenerlo en un lugar de miseria y fracaso. Quizá tenga algunas subidas aquí y allá, pero no hay una victoria y éxito duraderos. Cuando usted es liberado por la gracia y la misericordia de Dios, encontrará victoria sobre los ciclos que lo mantienen alejado del éxito y la victoria duraderas. Cuando sea liberado y hecho libre incluso es probable que vea éxito en muchas otras áreas que en la superficie no parecen estar relacionadas con aquello de lo que fue liberado. El éxito, la victoria y el avance se vuelven una manera de vivir cuando ve la verdadera liberación y aprende a mantener la liberación.

Este es el pacto de Dios con usted: que usted tenga toda la medida de la salvación para que pueda caminar en libertad, tener victoria, tomar la tierra que Dios juró a sus padres, y tener buen éxito en esta vida y en la venidera. Usted no puede tener buen éxito cuando está atado. Por medio del pacto usted puede ser liberado y caminar en una abundancia de prosperidad y éxito.

La prosperidad no solamente se trata de riquezas y fama. La prosperidad cubre todo lo que le atañe. Cuando usted es próspero no tiene carencias en la salud, las relaciones, el poder sobrenatural para servir y ayudar a otros, sabiduría, entendimiento, conocimiento, todo el fruto del Espíritu, creatividad, estrategia para vida diaria, así como que todas sus necesidades sean suplidas. No se quede enredado en pensar que la prosperidad significa que será un pastor famoso de una megaiglesia que sea una celebridad o un evangelista por TV. La prosperidad significa que no le faltará *ninguna* cosa buena que el Señor ha diseñado para usted.

Josué 1:8 da el entendimiento de la manera en que podemos hacer prosperar nuestro camino y tener buen éxito; que es esencialmente la forma en que mantenemos nuestra libertad y liberación. El versículo dice que debemos meditar en la Palabra *día y noche*. Esto requiere disciplina, pero dará un excelente rendimiento si se hace de manera constante. La prosperidad es el beneficio clave de estar en pacto con Dios.

En el Antiguo Testamento, hay varias palabras hebreas para la palabra 'meditar', pero la palabra principal es la palabra 'hagah', que literalmente significa 'murmurar'.

Hagah ha sido traducida como 'murmurar' dos veces en la Biblia (Isaías 59:3; 8:19), como 'meditar' seis veces (Josué 1:8; Salmos 1:2; 63:6; 77:12; 143:5; Isaías 33:18). También ha sido traducida como 'hablar' cuatro veces (Salmos 35:28; 37:30; 115:7; Proverbios 8:7), como 'estudiar' dos veces (Proverbios 15:28; 24:2), como 'hablar' una vez (Salmos 71:24), y como 'pronunciar' una vez (Job 27:4).

Se puede notar por estas Escrituras que la meditación indica el uso de la boca como un instrumento para murmurar o hablar la Palabra de Dios. [1]

Murmurar y meditar la Palabra de Dios, hasta que se haga vida en nuestro espíritu, es la clave para hacer realidad las promesas de Dios. Murmurar (en hebreo *hagah*: 'murmurar') en la Palabra de Dios día y noche es semejante a un árbol plantado en las corrientes de aguas, absorbiendo y chupando agua hacia su sistema a través de sus raíces (Salmos 1:3).

Josué 1:8 dice: "Nunca se apartará de tu boca este libro de la ley". Esto no significa que usted tenga que mantener una Biblia en su boca, sino más bien que debe hablar la Palabra de Dios con su boca. No debe estar lejos de sus labios en ningún momento. Hablarla continuamente. Todos sabemos cómo murmurar. Murmurar significa decir cosas en voz queda o baja, hablándose a sí mismo, sin la intención de que la gente presente lo escuche. Usted puede murmurar mientras está conduciendo su coche, o mientras va de compras.[2]

La palabra hebrea para *meditar* que se encuentra en Josué 1:8 es traducida como "hablar" en los siguientes versículos:

- "Porque mi boca hablará [o meditará la] verdad (Proverbios 8:7).
- "Y mi lengua hablará [o meditará] de tu justicia y de tu alabanza todo el día" (Salmos 35:28).
- "La boca del justo habla [medita] sabiduría, y su lengua habla justicia" (Salmos 37:30).

Dennis Burke ha escrito un gran libro llamado *Cómo meditar en la Palabra de Dios*. Su enseñanza asemeja la meditación a rumiar:

Cavilar significa "reflexionar, considerar y estudiar con profundidad". Este es el aspecto de la meditación del que la mayoría de la gente está al tanto: apropiarse de una promesa o una verdad y pensar en ella una y otra vez; no pensar en ella una vez tras otra para memorizarla, sino para exprimirle toda la riqueza; pensar en ella y permitirle que lave su hombre interior.

La ilustración más vívida que le puedo dar de cavilar es una vaca rumiando. Una vaca pasta, encuentra abundancia de pasto sabroso, lo mastica y finalmente lo traga. Más tarde, regresa el pasto masticado para masticarlo de nuevo (sé lo que está pensando... ¡pero tiene que admitir que es un buen ejemplo!). Cada vez que la vaca regresa lo que está rumiando y lo mastica lo está refinando y haciéndolo más y más una parte de su sistema. Ella le saca masticando todos los nutrientes; los tallos y cañas son removidos hasta que es consumido por su cuerpo.

Este es el ejemplo más descriptivo y poderoso de la meditación. Trate la Palabra de Dios al igual que una vaca rumia. Aliméntese de una Escritura una y otra vez, tráguesela, regrésela y repásela una y otra vez. Cada vez que usted la mastique, está extrayéndole los nutrientes, haciéndola cada vez más una parte de su ser.[3]

Los animales que rumian se alimentan, tragan y luego lo regresan para volver a masticarlo. De esta manera obtienen todos los nutrientes de lo que comen y digieren la comida en sus sistema de una manera más completa. Masticar es por supuesto importante para la buena salud y la digestión. ¿Cuántas veces nos han dicho nuestros padres que mastiquemos bien nuestra comida?

La meditación es el proceso de masticar la Palabra. Tomamos una Escritura, la hablamos, pensamos en ella, y luego lo volvemos a hacer. Esta es la manera bíblica de absorber la Palabra en nuestro sistema, y de recibir revelación y entendimiento. *Meditar* significa "cavilar, regurgitar, pensar en voz alta, considerar continuamente y pronunciar algo una y otra vez".

Esto es exactamente lo que necesitamos hacer con la Palabra de Dios.

> No fue sin significado que los animales del Antiguo Testamento eran considerados limpios para consumo humano si tenían pezuñas hendidas y rumiaban (Levítico 11:3). Por analogía, podríamos decir que una persona que "rumia" en relación con la Palabra de Dios es *limpiada y hecha fructífera por la Palabra* (Juan 15:3, 7); así como la gloriosa iglesia de Cristo es limpiada por el lavamiento del agua de la Palabra (Efesios 5:26).[4]

La vaca es un animal con cuatro compartimentos en su estómago, el mayor de los cuatro es el rumen, por lo cual estos animales son llamados rumiantes. Las ovejas, las cabras, el bisonte y el venado son ejemplos de rumiantes y esta información también tiene que ver con ellos. El rumen funciona a semejanza de una gran tina de fermentación. Dentro de esta tina hay bacterias y protozoarios que son celulíticos, lo cual significa que son capaces de digerir celulosa, que es el componente principal de las paredes celulares de las plantas. El animal huésped, en este caso la vaca, provee el ambiente para estos microbios y estos a su vez ayudan a la digestión de componentes de plantas que el huésped no podría utilizar de otro modo. Estos microbios también continúan hacia el interior del tracto digestivo del animal donde son digeridos como parte de la proteína de la dieta del animal. Los animales monogástricos o con un solo estómago como los humanos y los cerdos no tienen esta relación simbiótica operando a esta magnitud y no pueden aprovechar el tipo de plantas que el ganado suele comer.

Así que en el ganado, se muerden partículas de comida, se mastican hasta cierto grado y se tragan. Una vez que un rumiante ha comido, tranquilamente se quedará de pie o recostado mientras "rumia". Digo tranquilamente porque si uno está "rumiando" está en calma. Lo que rumian de hecho es una porción de comida regurgitada que necesita ser reducida a una partícula más pequeña para ser digerida en el rumen o más allá.[5]

Rumiación: una vaca mastica algo y lo guarda para después. La vaca rumia en perfecta sincronía sin desperdicio. Le exprime y le extrae los nutrientes. Nos transferimos la vida de Cristo de una manera similar. ¡Esto es clave para mantener nuestra liberación!

El diccionario define "meditar" como "pensar en algo profundamente, reflexionar o cavilar en ello".

No obstante la definición de "cavilar", no es solamente meditar en algo sino comentarlo, rumiarlo, a semejanza de una vaca que rumia.[6]

"Meditar" o "cavilar"—la palabra hebrea *siyach*—significa poner delante, meditar, cavilar, abrir la mente, hablar, quejarse, ponderar, cantar, quejarse, cavilar, meditar en, estudiar, ponderar, hablar, cantar, hablar. Su meditación también es de lo que usted habla, murmura, canta, se queja o pondera.

Escucha, oh JEHOVÁ, mis palabras; considera mi gemir.
—SALMOS 5:1

Mi meditación está conectada con las palabras de mi boca.

Sean gratos los dichos de mi boca y la meditación de mi corazón delante de ti, Oh Jehová, roca mía, y redentor mío.

—Salmos 19:14

Mi boca hablará sabiduría, y la meditación de mi corazón será entendimiento.

—Salmos 49:3, nblh

Mi meditación debe provocar *regocijo*.

Dulce será mi meditación en él; yo me regocijaré en Jehová.

—Salmos 104:34

Mi meditación es sobre lo que amo.

¡Oh, cuánto amo yo tu ley! Todo el día es ella mi meditación.

—Salmos 119:97

Mi meditación da entendimiento.

Más que todos mis enseñadores he entendido, porque tus testimonios son mi meditación.

—Salmos 119:99

Mi meditación trae éxito.

Nunca se apartará de tu boca este libro de la ley, sino que de día y de noche meditarás en él, para que guardes y hagas conforme a todo lo que en él está escrito; porque entonces harás prosperar tu camino, y todo te saldrá bien.

—Josué 1:8

Mi meditación es en lo que me deleito.

Sino que en la ley de Jehová está su delicia, y en su ley medita de día y de noche.

—Salmos 1:2

Mi meditación es en la noche.

Cuando me acuerde de ti en mi lecho, cuando medite en
ti en las vigilias de la noche.
—SALMOS 63:6

LA MEDITACIÓN DESCUBRE Y
LIBERA LA SABIDURÍA DE DIOS

Josué 1:8 es el único lugar en el que se encuentra la palabra *éxito*
en la versión King James en inglés de la Biblia. Éxito es la palabra
hebrea *sakal* que significa ser prudente, ser circunspecto, actuar
sabiamente, entender, prosperar, poner atención, considerar, ponderar, tener perspectiva y comprensión, actuar de manera circuns-
pecta, actuar con prudencia.[7]

Podemos ver por este versículo que la meditación está conectada con la sabiduría. La meditación lo ayudará a acceder a la sabiduría de Dios. La clave para el éxito es la sabiduría.

La sabiduría es uno de los mayores beneficios de meditar en la
Palabra de Dios.

Sabiduría ante todo; adquiere sabiduría; y sobre todas tus
posesiones adquiere inteligencia.
—PROVERBIOS 4:7

La Nueva Biblia Latinoamericana de Hoy lo dice de esta
manera:

Lo principal es la sabiduría; adquiere sabiduría, y con
todo lo que obtengas adquiere inteligencia.
—PROVERBIOS 4:7

La sabiduría es lo mejor, la sabiduría es suprema. La sabiduría
es lo primero y lo más importante que necesita para tener éxito
en la vida.

Bienaventurado el hombre que halla la sabiduría, y que
obtiene la inteligencia; Porque su ganancia es mejor que la

ganancia de la plata, y sus frutos más que el oro fino. Más preciosa es que las piedras preciosas; y todo lo que puedes desear, no se puede comparar a ella. Largura de días está en su mano derecha; en su izquierda, riquezas y honra. Sus caminos son caminos deleitosos, y todas sus veredas paz. Ella es árbol de vida a los que de ella echan mano, y bienaventurados son los que la retienen.

—Proverbios 3:13–18

Estos versículos enfatizan el valor de la sabiduría. Es más preciosa que las piedras preciosas. Nada se compara con la sabiduría. La sabiduría de como resultado una larga vida. La sabiduría le trae riquezas y honor. La sabiduría lleva a la paz. La sabiduría promueve la felicidad. Esto es lo que la meditación bíblica producirá en su vida. La sabiduría produce riquezas y honra. La sabiduría lo llevará a heredar sustancia. La sabiduría llenará sus tesoros (vea Proverbios 8:18–21).

Porque el que me halle, hallará la vida, y alcanzará el favor de Jehová (Proverbios 8:35). Esto también se encuentra en línea con los beneficios de estar en un pacto con Dios.

Meditar en la Palabra desarrolla su inmunidad en contra de las trampas del enemigo

Cuando usted es hecho libre a través de la liberación, su espíritu es vivificado a las cosas de Dios. La meditación evita que usted recaiga a un lugar de oscuridad y opresión que lo desconecte de Dios. La meditación mantiene su posición de permanecer en la vid: el lugar de fructificación y vida. La meditación de la Palabra de Dios también es un acto de mantener constantemente delante de usted la imagen y el carácter de Dios. Esto trae vida a su cuerpo mortal (Romanos 8:11), y lo mantiene en un estado constante de fortalecerse y ser vivificado más en Cristo. Mediante contemplar la gloria de Dios vamos de gloria en gloria de fe en fe (2 Corintios 3:18). Al contemplar, mediante meditar la Palabra de Dios, somos cambiados y nos volvemos inmunes a las trampas del enemigo.

DECLARACIONES DE MEDITACIÓN

Meditaré en todas las obras del Señor, y hablará de sus hechos (Salmos 77:12).

Meditaré en los mandamientos del Señor; y consideraré sus caminos (Salmos 119:15).

Príncipes también se sentaron y hablaron contra mí; mas yo medito en los estatutos del Señor (Salmos 119:23).

Sean avergonzados los soberbios, porque sin causa me han calumniado; pero yo meditaré en tus mandamientos (Salmos 119:78).

En toda la noche no pego los ojos, para meditar en tu promesa (Salmos 119:148, NVI).

Me acordé de los días antiguos; meditaba en todas tus obras; reflexionaba en las obras de tus manos (Salmos 143:5).

Reflexiona sobre estas cosas; dedícate a ellas, para que tu aprovechamiento sea evidente a todos (1 Timoteo 4:15, NBLH).

¡Oh, cuánto amo yo tu ley! Todo el día es ella mi meditación (Salmos 119:97).

En la ley de Jehová está mi delicia, y en su ley medito de día y de noche (Salmos 1:2).

El Señor me hará entender el camino de sus mandamientos, para que medite en sus maravillas (Salmos 119:27).

Me acordaré de los días antiguos; meditaré en todas las obras del Señor; reflexionaré en las obras de tus manos (Salmos 143:5)

Alzaré asimismo mis manos a los mandamientos del Señor que he amado, y meditaré en sus estatutos (Salmos 119:48).

Será escrito un libro de memoria para mí que temo al Señor y pienso en su nombre (Malaquías 3:16).

Meditará en este Libro de la Ley de día y de noche (Josué 1:8).

APÉNDICE
PUNTOS BÁSICOS PARA LA LIBERACIÓN

UNA MANERA PARA QUE EL OBRERO DE LIBERACIÓN INICIE

1. Conversaciones breves sobre la razón por la que la persona acudió a ser ministrada.[1]
2. Oración general y adoración: enfóquese en Dios y su bondad, poder, etc.
3. Ate a los poderes sobre el área, rompa las comisiones o asignaciones de las potestades del aire sobre los demonios en la persona. Pida protección angelical (Hebreos 1:14).
4. Pida y reciba *por fe* los dones del Espíritu necesarios para ministrar.

LIDERAZGO DURANTE EL TIEMPO DE LIBERACIÓN

1. Demasiadas personas dándole órdenes a los espíritus (diferentes espíritus) al mismo tiempo genera confusión para cualquiera, especialmente a la persona a la que se le está ministrando.
2. El liderazgo a menudo cambiará [de una persona a otra] según el Espíritu Santo dirija.
3. Los esposos a menudo son más eficaces en ordenarle a los espíritus que dejen a su esposa, con el apoyo de otros.

TÁCTICAS PARA
HABLARLE A LOS DEMONIOS

1. Diríjase al espíritu por nombre y si no lo conoce, diríjase a él por función.

2. Ya sea que el Espíritu Santo se lo dé, o que el demonio mismo se revele.

3. No dependa de ninguno de los dos métodos *exclusivamente*; manténgase abierto al Espíritu Santo en esta área.

4. Repetidamente recuérdele a los espíritus que su autoridad le ha sido dado por Jesucristo, quien está muy por encima de todo gobierno y autoridad (Efesios 1:21).

5. Recuérdeles su destino en Apocalipsis 20:10 y en otros lugares de la Escritura (Job 30:3–8). Utilice la declaración: "El Señor Jesucristo te reprenda", repetidamente, como un ariete.

6. Es útil atormentar a los demonios para que confiesen que Jesucristo es su Señor.

7. Los demonios gobernantes a menudo pueden ser acosados para obtener más información.

8. En ocasiones puede ordenarle al demonio gobernante que se vaya y después echar fuera a los demonios menores debajo de él, y si eso no funciona, invierta la táctica.

9. Ate y aparte a los espíritus que estén interfiriendo según Dios lo dirija.

10. No hay necesidad de gritarle a los demonios ya que la batalla no es en la carne sino en el espíritu.

QUÉ ESPERAR AL RECIBIR LIBERACIÓN

Aunque muchas liberaciones tienen que ver con manifestaciones físicas obvias, no todos reaccionan de esta manera. Algunos espíritus se van silenciosamente y sin violencia.

Probablemente no tenga una fuerte reacción física al recibir liberación, por lo tanto, no se decepcione si no la recibe de esta manera. Lo que usted debe esperar es alivio. Usted sabe que algo se fue cuando…

1. La fuerza opresiva desaparece
2. La pesadez se levanta
3. La inquietud se va
4. La carga o el peso se aligera
5. Hay un sentimiento interno de liberación, libertad y satisfacción divina o contentamiento
6. El gozo del Señor viene, y usted es capaz de regocijarse

El resultado de la liberación es "justicia y paz y gozo en el Espíritu Santo" (Romanos 14:17). Cuando los demonios son echados fuera, *el Reino de Dios ha llegado* (Mateo 12:28).

MANIFESTACIONES DE DEMONIOS

Cuando los espíritus malignos se van, normalmente puede esperar cierto tipo de manifestación a través de la boca o la nariz. Abajo se encuentra una lista de las manifestaciones comunes:

1. Tocer
2. Babear
3. Vomitar
4. Escupir
5. Echar espuma

6. Llorar

7. Gritar

8. Suspirar

9. Rugir

10. Eructar

11. Bostezar

12. Exhalar

Nuevamente, cuando los demonios son expulsados, normalmente salen por la boca o por la nariz porque los espíritus están asociados con respirar. Tanto los hebreos como los griegos tenían solamente una palabra para *espíritu* y para *aliento*. En griego la palabra es *pneuma*. El Espíritu Santo es *in*spirado (Juan 20:22). Los espíritus malignos son *ex*halados.

Algunas veces la gente se sacude o tiembla cuando recibe liberación. Su cuerpo, completo o en parte, de hecho quizá se sacuda o tiemble.

Obstáculos para recibir liberación

1. Maldiciones

2. Pecado

3. Orgullo

4. Pasividad

5. Lazos inmundos del alma

6. Ocultismo

7. Temor

8. Vergüenza

9. Incredulidad

10. Falta de deseo

11. Falta de perdón

12. Falta de conocimiento

En muchos casos, los demonios tienen respaldo legal, bíblico. No pueden atormentar a voluntad. Si los demonios tienen respaldo legal, tienen el derecho de permanecer. Este respaldo legal deberá ser destruido con el fin de recibir y mantener liberación. Hay otros casos en los que los demonios tratarán de operar ilegalmente. Los creyentes pueden experimentar ataques ilegales y, por lo tanto, necesitan utilizar su autoridad. En otras palabras: los demonios van a tratar de aprovechar la ignorancia y los creyentes necesitan conocer sus derechos de pacto y andar en ellos por fe.

CÓMO MANTENER SU LIBERACIÓN

1. Lea la Palabra de Dios diariamente.
2. Encuentre un grupo de personas que crean en la Biblia, preferiblemente una iglesia y reúnase regularmente con ellos para adorar, estudiar y ministrar.
3. Ore en el entendimiento y en lenguas.
4. Coloque la sangre de Jesús sobre usted y su familia.
5. Determine con tanta exactitud como pueda los espíritus que han sido echados fuera de usted. Haga una lista de estas áreas que Satanás tratará de recapturar.
6. La manera en que los demonios obtienen nuevo acceso es por medio de una mente laxa e indisciplinada. La mente es el campo de batalla. Usted deberá derribar imaginaciones y traer todo pensamiento a la obediencia a Cristo (2 Corintios 10:5).
7. Ore al Padre fervientemente, pidiéndole que lo haga alerta, sobrio y vigilante en contra de pensamientos equivocados (1 Pedro 5:8–9).

8. Los demonios anuncian su acercamiento a usted por el hecho de que los viejos patrones de pensamiento que tuvo alguna vez ahora están tratando de volver a usted. Tan pronto como esto suceda, de inmediato repréndalos. Declare *verbalmente* que usted los rechaza tan pronto como sea posible.

9. Usted tiene autoridad para soltar a los *ángeles del Señor* para batallar contra los demonios (vea Hebreos 1:14; Mateo 18:18). Ate a los demonios y suelte sobre ellos los ángeles de destrucción (vea 1 Crónicas 21:12) y espíritu de juicio y fuego (Isaías 4:4, PDT) del Señor Jesucristo. También, suelte ángeles guerreros sobre los demonios.

NOTAS

CAPÍTULO 1
LA LIBERACIÓN Y EL PACTO DE MISERICORDIA

1. Blue Letter Bible, bajo la entrada *"checed"*, http://www .blueletterbible.org/lang/lexicon/lexicon.cfm?Strongs=H2617&t =WEB (consultado el 4 de diciembre de 2013).

2. Blue Letter Bible, bajo la entrada *"racham"*, http://www .blueletterbible.org/lang/lexicon/lexicon.cfm?Strongs=H7355&t =WEB (consultado el 4 de diciembre de 2013).

3. Merriam-Webster Online, bajo la entrada "endure" [perdura], http://www.merriam-webster.com/dictionary/endure (consultado el 4 de diciembre de 2013).

4. Merriam-Webster Online, bajo la entrada "forever" [siempre], http://www.merriam-webster.com/dictionary/forever (consultado el 4 de diciembre de 2013).

CAPÍTULO 2
LA LIBERACIÓN ES EL PAN DE LOS HIJOS

1. Merriam-Webster Online, bajo la entrada "sustenance" [sustento], http://www.merriam-webster.com/dictionary/sustenance (consultado el 4 de diciembre de 2013).

2. Merriam-Webster Online, bajo la entrada "staple" [recurso básico], http://www.merriam-webster.com/dictionary/staple (consultado el 4 de diciembre de 2013).

3. Merriam-Webster Online, bajo la entrada "principal" [principal], http://www.merriam-webster.com/dictionary/principal (consultado el 4 de diciembre de 2013).

4. R. K. Harrison, *The Psalms for Today* [Los Salmos para hoy] (Grand Rapids, MI: Zondervan, 1961), tal como fue citado en Curtis Vaughn, ed., *The Word: The Bible From 26 Translations* [La Palabra: La Biblia en 26 traducciones] (N.P.: Mathis Publishers, 1991).

CAPÍTULO 3
RECHAZO: LA PUERTA A LA OPRESIÓN DEMONÍACA

1. Noel y Phyl Gibson, *Excuse me, your rejection is showing* [Perdón, pero su rechazo se está notando] (N.P.: Sovereign World, Ltd., 2008).

2. Blue Letter Bible, bajo la entrada *"ekballō,"* http://www .blueletterbible.org/lang/lexicon/lexicon.cfm?Strongs=G1544&t =KJV (consultado el 5 de diciembre de 2013).

CAPÍTULO 4
"LIBÉRATE": AUTOLIBERACIÓN

1. Consulte el libro de Frank e Ida Mae Hammond *Cerdos en la sala* (Kirkwood, MO: Impact Christian Books, 1973), p. 57 de la edición en inglés.

2. Merriam-Webster Online, bajo la entrada "trauma" [trauma], http://www.merriam-webster.com/dictionary/trauma (consultado el 5 de diciembre de 2013).

CAPÍTULO 7
MEDITE EN LA PALABRA PARA MANTENER SU LIBERACIÓN

1. Peter Tan, *Meditation on God's Word* [La meditación en la Palabra de Dios] (Belconnen, Australia: Peter Tan Evangelism, 2008), 4, http://spiritword.net/ebooks/Foundational_Truth01. pdf (consultado el 10 de diciembre de 2013).

2. Dennis Burke, *Cómo meditar en la Palabra de Dios* (Arlington, TX: Dennis Burke Publications, 2001).

3. Ibid. Permiso solicitado.

4. Olive Tree Learning Center, "Meditating on God's Word" [Cómo meditar en la Palabra de Dios] http://www.olivetree.com/ learn/articles/meditating-on-gods-word.php (consultado el 10 de diciembre de 2013). Énfasis añadido

5. Greenvistafarm.com, "Animal Benefits: Animal Benefits of a 100% Forage Diet" [Beneficios animales: Beneficios animales de una dieta de 100% de forraje] http://www.greenvistafarm.com/ animal.html (consultado el 10 de diciembre de 2013).

6. Tom Smith, "Discovering the Lost Art of Musing on the Word of God" [Descubra el arte perdido de meditar en la Palabra de

Dios] Holdingtotruth.com,
http://holdingtotruth.com/2012/05/07/discovering-the-lost-art-of-musing-on-the-word-of-god/ (consultado el 10 de diciembre de 2013).

7. Blue Letter Bible, "Búsqueda en el diccionario y búsqueda de palabras *sakal* (Strong's 7919)," http://www.blueletterbible.org/lang/lexicon/lexicon.cfm?Strongs=H7919&t=KJV (consultado el 10 de diciembre de 2013).

APÉNDICE
PUNTOS BÁSICOS PARA LA LIBERACIÓN

1. Adaptado de Win Worley, *Annihilating the Hosts of Hell* [Cómo aniquilar las huestes del infierno] (n.p.: H.B.C., 1981). Permiso solicitado.

EQUÍPATE CON EL
ARMA MÁS PODEROSA

CARACTERÍSTICAS Y BENEFICIOS

- Versión Reina-Valera 1960 (la versión de la Biblia más leída en español).

- Incluye materiales adicionales de estudio, escritos por más de veinte líderes y autores cristianos de renombre.

- Provee información práctica para prepararte y equiparte en la guerra espiritual.

- Contiene herramientas de entrenamiento para la guerra espiritual, tanto para el estudio individual así como para grupos pequeños.

- Incluye referencias y mapas a color.

La *Biblia para la guerra espiritual*, te ayudará a prepararte y equiparte como un guerrero espiritual